外国語の水曜日再入門

黒田龍之助

白水社

もくじ

第iii章 学習法としての言語学入門

第iv章　本と映像に見る外国語

第i章

水曜日の外国語研究室

水曜日とはどんな日なのか？

この少し分かりにくい題名の本を手にしたみなさんは、いったい水曜日にどんな意味があるのかと疑問に思われたことだろう。その理由はこの章のとくに後半を読んでいただければすぐに分かる。

水曜日は外国語のことを考えるのにちょうどいいのかもしれない。一週間でちょうど真ん中の日。月曜日、火曜日と頑張ってきた学習も水曜日でちょっと疲れ気味。ここらで外国語の楽しさをもういちど思い出し、残りの木曜日、金曜日に備えるというのはどうだろうか？

わたしは学生に会える水曜日を楽しみにしているロシア語教師である。

二兎を追うもの二兎を得る？

世の中、どうしても苦手というものがある。わたしは幼いときから、理科が常にダメだった。小学一年生の理科の時間に、みんなで朝顔の種を植えた。一人ひとりが植木鉢をもらって同じように植えたのに、わたしの鉢だけ、芽が出なかった。哀れに思った先生が予備に植えておいた芽を分けてくれたけど、わたしは深く傷ついた。この悲しい出来事があって以来、わたしはずーっと理科がダメで、未だに立ち直れていない。

そんなわたしが理系大学で教えている（もちろん、理科を教えているわけではない、念のため）。ここの学生たちはみんな理科が勉強したくて、この大学に入学してきたのである（のだろう、たぶん）。学生たちの顔を見ていると、ふと、「すごいなー、彼らはみんな理科が得意だったのか。みんな、朝顔の芽が出たのか」と考えてしまう。わたしの授業中にこっそりと化学のレポートなんかを書いている学生を見つけても、そこに亀の甲形の図などが書いてあると、もうそれだけで叱るのを忘れて、むしろ尊敬してしまう。理科が得意というだけで、とても賢いように思ってしまうのである。

そんな賢い理系学生たちなのに、どうして外国語がパッとしないのだろうか。不思議である。もちろん一概には言えないけれど、たとえば英語が苦手という学生はずいぶん多い。何か過去に不幸な経験があったのか、それとも単に肌が合わないのか。

それでも、英語はまだいいかもしれない。中学・高校と、ある程度は勉強してきた蓄えがあるし、受験もクリアしてきたばかりだから、まだなんとかなる。ところがわたしの勤める大学ではカリキュラム上、英語以外にもう一つ、外国語を勉強しなければならない。そうしないと卒業できない。これは英語が嫌いな学生にとって、苦痛を通り越してもはや恐怖だろう。朝顔の芽が出なかった者に、こんどはヒマワリの種を植えろというようなものである。過去の暗い経験が再び甦り、勉強を始める前からすでに及び腰になってしまう。辛すぎる。

外国語の嫌いな学生は考える。英語の他に、どうしてさらにもう一つ勉強しなければならないのか？　いまや英語ができればほとんどの場合、用が足りる。もっと英語を勉強するほうがいいのではないか（とは思うが、べつにやる気もない）。英語が苦手な人間にこれ以上新しいものを学べといわれても、それは無理というものではないか？

これはいわゆる「第二外国語」を教えるわたしにとって、大問題である。いまどき教養などという抽象的な概念で、学生を納得させることはできない。実用性の点ではどの外国語も英語に比べてずっと劣る。さらに言語というものは、ちょっとやそっと勉強したぐらいで役に立つものではない。外国語学部でみっちり四年間勉強したところで、卒業してすぐに使えるほどの実力を身につけられる者は、たぶん一割もいないだろう。

だったら理系大学の学生は、なぜ英語以外の外国語を学ばなければならないのか？

国際化ということばはいい加減聞き飽きた。しかし日本人が海外で活躍するチャンスがますます増えていることは、事実である。理系大学を卒業した学生も、エンジニアやさまざまな専門家として外国に赴任する可能性は大いにある。もちろんどこの国に行っても、仕事上は英語だけで十分であることが多いだろう。しかし、たとえばフランスやカナダで生活をするのならフランス語を知っていたほうがいいし、旧ソ連地域だったらロシア語の知識があるほうが、仕事もよりスムーズに進むはずだ。とくに多くの人と協力して事業を進めていく場合、必ずしも全員が英語を話すとは限らない。そんなときに現地の言語が少しでも話せたら、人びとの評価も変わってくるのではないだろうか？

わたしはロシア語などという「マイナー」な言語を教えている。ロシアは昔から日本において人気がない。イメージの良くない国というランキングがあれば、必ず三位内に入る。そのうえ最近では、経済は不安定で、政局もこれ以上ないほど混迷し、おまけに紛争まであって、明るいニュースは何も伝わってこない。さらにときどき日本海でロシアの船が重油をたれ流して迷惑をかけたりしている。これでは人気がないのも無理はない。「ああ、これで来年度はまた履修者が減る」と、いまや日本中のロシア語教師が鬱状態である。

わたしは言語というものに幅広く興味があり、いろいろな国や地域の文化に強く惹かれる。その中でもロシアやスラヴ地域には格別の思い入れがある。自分が情熱を込めてやっていることは、やっぱりほかの人にも分かってほしいと思う。どうしたら分かってもらえるだろうか？

ここでわたしは、ロシア語は将来絶対に役に立つからお買い得です、などという、怪しげな先物取引を勧誘するつもりはない。それどころか、学生が必ずしもロシアを好きになってくれなくてもかまわないとさえ思っている。人にはそれぞれ考えもあるし、好みもある。愛情を強制するわけにはいかない。

だったらわたしの授業は、まったくの無駄なのだろうか。

まさか、そうではない（それではあまりにも悲しい）。そうではなくて、理系の学生の外国語に対する抵抗感をなくす、そのためにわたしはロシア語を教えるのだと考えているのである。この場合、外国語は何もロシア語でなくてもよい。ドイツ語でもフランス語でも中国語でも、何でもよい。大学における外国語の役割とは、新しい外国語を学ぶノウハウを身につけるためのシミュレーションなのだと考える。べつにロシア語自体がうんとできるようにならなくてもよい（もちろん、できてくれれば嬉しいけれど）。それよりも外国語アレルギーを治療し、新しい外国語を独学できる能力を身につけ、たとえば明日から三年間ブラジルに行けと言われれば、にっこり笑って書店に行き、『ブラジル・ポルトガル語入門』なるものを買って飛行機の中でこれを読む。こういう人を育てるのがわたしの理想なのである。

だったら英語をきちんとやり直したほうが得ではないかと考えるかもしれない。ところが、これはだめなのである。英語はすでに長年にわたって勉強しており、「手垢」がついている状態である。知識もそれなりに蓄えてある。新たな外国語学習のノウハウを学ぶためのシミュレーションには不向きなのだ。ここではどうしても、新しく未知の言語にチャレンジしてもらいたいのである。

では、その将来に向かって、何語を勉強しておいたらよいのだろうか？

ところがこればかりは分からない。もしかしたらそれはアラビア語かもしれないし、インドネシア語かもしれない。世界中の多くの言語がその対象となる可能性がある。そのすべてを大学で教えることは不可能である。しかし会社の指令とあらば、ジャパニーズ・エンジニアは明日からでも中東や東南アジアに飛ばなければならない。さらに場合によっては現地の言語の研修を受けるように要求されることもあるかもしれない。そのときに、「わたしは外国語が苦手なもので……」と、笑ってごまかすわけにはいかないだろう。だから未知の外国語に対する抵抗力をつけておかねばならないのだ。

学生たちは決して能力が低いわけではない。ただ、いままで外国語との出会いがあまり幸福ではなかったという、ただそれだけなのである。でもそれはわたしにとっての朝顔のように、なかなか治療が難しいものなのだ。だからわたしは、新しく種を蒔こうとしている学生たちをそっと手伝って、将来は自分で好きな花を咲かせることができるようになってもらいたいのである。

ところで、わたしの理科嫌い、誰か治してくれませんか？

「実験用モルモット」チュウの冒険

わたしはスラヴ語学・文献学というものを専門としている。ここはわたしの専門分野を紹介する場ではないのであまり詳しいことには触れない。ただ学生たちから見ると「ずいぶんいろんな外国語と接しているんだな」という印象を受けることだろう。実際、わたしの購入する本はロシア語でも英語でもないものがけっこう多いし、いろいろな国からの客人や留学生が研究室を訪ねて来る。日本語の怪しい外国人から電話がかかってくることも珍しくない。

あたりまえだが、理系大学の学生は自然科学系の学問を専門としている。わたしのやっているような人文科学にはあまり縁もないし、もともとたいして興味があるわけでもない。だから何かのきっかけでわたしの研究室を覗いた学生は、いつもとは違った世界に触れることになる。いわばトワイライト・ゾーンへの扉を開けてしまったようなものなのである。そこにはいったい、どんな世界が待っているのだろうか？

これはそんな不思議な世界に魅せられてしまった理系学生の物語である。

春休みに入ろうとしていたある日、わたしの研究室にふだんから出入りしている学生のひとりが、ロシア語以外の外国語を集中レッスンしてほしいといってきた。ほほう、外国語に興味が出てきたか。たいへん結構。ちょうど理系学生を相手に集中講座の実験をやってみたいと考え、実験台になってくれる人間がほしいと思っていたところだった。そこでこの学生を実験用のモルモットということで、チュウと名付ける。学生をモルモット呼ばわりすることもないのだが、別の理由から彼はいつもチュウと呼ばれているそうなので、ここでもそれを使わせてもらう。

さて、何語を勉強するか。こちらもいろいろとネタはあるのだが、チュウと相談の結果、ロシア語に近い関係にある言語を勉強してみることにした。ここではこの実験を一般化するために、敢えてその言語名を伏せ、仮にα語としておく。

このα語集中講座は五日間という超短期コースでおこなうことにした。テキストは『エクスプレス・α語』。この外国語学習書シリーズは、現在四〇カ国語以上を数え、どれも一課四ページ、全二〇課からなっている格好の入門書である。しかしいくらなんでも五日間で二〇課をこなすのは至難の業なので、今回は八課までとすることにした。最後までやるよりも、達成感があるほうが大切だ。授業計画は以下のとおりである。

第一日　文字と発音＋第一課
第二日　第二課＋第三課
第三日　第四課＋第五課
第四日　第六課＋第七課
第五日　第八課＋総合テスト

〈第一日目〉

いよいよα語の学習が始まる。まずはテープを使ってα語の音に耳を傾け、文字と発音の関係を学ぶ。有り難いことにα語は英語と同じラテン文字を用いているので、英語との違いだけを覚えればよい。五日間の集中講座の場合、見慣れない文字の言語を学ぶのはかなり辛い。文字の困難は語学学習のプロセスにおいて比較的初期の段階で必ず克服できるものである。しかし慣れるまでにはどうしてもある一定の時間がかかる。このような言語は五日間コースではお勧めできない。

文字を学ぶときには必ず実際の音を確かめながら発音すること。そのために歌は絶好の教材である。α国の民謡は日本でも知られているものがいくつかあるが、ここでは敢えて「α国国歌」を覚えることにした。α国は過去の歴史において長い試練の時代があり、愛国心の非常に強い国民性をその特徴としている。

「α国、未だ滅びず
我らが　生きる限り」

チュウは歌がメチャメチャうまい。一緒にカラオケ「P」などに行って（そういうこともたまにはある）彼の歌を聞いていると、本当にいい声である。音程もテンポも正確である。英語の発音もさまになっている（その割にチュウは英語を再履修している）。わたしは彼のこの才能を何とか語学の学習に活かせないものかと常々考えていたのだった。案の定、チュウは慣れないα国国歌を熱心に覚える努力をし始めた。最近は便利になったもので「世界の国歌50」などというCDが出ているから、これをカラオケ代わりに使う。毎回の授業は必ず国歌斉唱から始めることにした。

発音は初めが肝心である。正しい発音をするように心がけたい。しかし、ここであまり厳しくやり過ぎると、学習そのものがいやになってしまうのでほどほどに。多少は日本語風になっても仕方がない。ただし妙に英語風の発音になってしまう場合は指摘したほうがよいだろう。外国語＝英語という公式を打ち破ること。英語訛りのα語になってもちっとも偉くないのである。

話は逸れるが、ロシアに行ったとき、サンクト・ペテルブルグ大学の日本語学科の学生たちと交流する機会があった。ロシア人のR先生によると、この日本語学科では一年生のごく早いうちから日本の歌を覚えさせるという。ひらがなにまだあまり慣れていない時期から、発音をキリル文字（ロシア語で使う文字である）でタイプ打ちし、声に出して練習をする。これは発音教育にたいへん効果があるという。確かにサンクト・ペテルブルグ大学の学生さんたちはなかなか発音がよかった。ただし選曲は慎重にしたい。若いお嬢さんたちが渡哲也の「くちなしの花」を歌ってくれたときには妙な気持ちがした。

さて、発音はほどほどにして早速第一課に入る。やる気満々のときには実際に表現に触れてみることが大切である。たいてい外国語の教科書はどれも挨拶の表現から始まる。よく使うものだから早いうちに覚えるのがよい。たとえ教科書に出てこないとしても、プリントを配るなどして教えたほうがよい。ただし、文字はまだあまり慣れていないので、テープを使って耳から覚えること。スラスラ言えるまで何度でも繰り返す。明るいチュウはコミュニケーションが大好きなので、挨拶はとくに重要である。翌日からはちゃんとα語で「こんにちは」と言いながらわたしの研究室に入ってくるようになった。

次に新出単語の発音（第一課だから出てくる単語はすべて新出である）。テープを聴きながらゆっくりと。何せチュウはきょう生まれて初めてα語を発音しているのである。ちょっとでも長めの単語があるとすぐに戸惑ってしまう。発音しにくいものは繰り返すことが大切。ここでうまく発音できなければ、まとまった文章は絶対に無理である。

テキストの発音はできればイントネーションにも注意しながら。同じ文でもイントネーションが違うだけで意味が大きく異なることがある。コミュニケーションにとってはとくに大切だ。文の流れを損なわないようにしながら、実際にまねしてみる。

次にテキストをノートに書き写す。『エクスプレス』シリーズでは初めの数課分の本文にカタカナが振ってあるので（編集者によると、そのほうが売れるんだそうである）、これではいつまでたっても文字が読めるようにならない。チュウはスペルを綴りながら文字と発音の関係を復習し、間違いを正し、教師はその間に一休みする。実際、文字と発音を教えるのは教師にとっても体力勝負なのである。

さてこれで一通り終わった。訳も文法説明も、そんなものは教科書に書いてある。『エクスプレス』は独習用教科書である。すでに書いてあることを教師がクダクダと繰り返すのは、チュウを退屈させるだけで無駄である。

大切なのはチュウの頭の中にα語の知識を植え込むことである。わたしはスポーツのコーチよろしく、彼にきょう覚えた知識がよく身につくように訓練をさせる。これからが肝心なのである。

まずは単語。テープを聴かせ、一単語ごとにポーズを入れながら、チュウに日本語でその意味を言わせる。もちろん、チュウは第一課の新出単語をすべて覚えているわけではない。そこでたとえば「三分！」といって覚える時間を与える。その間に単語を覚えよという意味である。こうなれば誰だって暗記する努力をしないわけにはいかない。チュウはこの上なく真剣な表情になって（必修の授業でこのような表情を見せたことは一度もなかった）教科書の単語を睨む。彼の脳細胞はいまフル回転している。

しかし三分たったら苛酷にストップをかけ、教科書を閉じてもらう。テープを聴きながら、チュウはα語の単語を一つひとつ日本語に訳していく。当然うまく答えられないものもある。こちらはべつに完璧を要求しているわけではないが、チュウは自分の記憶の不備を嘆く。あまりに出来の悪い場合には、同じ作業をもう一度やってもらってもよい。チュウ本人がもう一度やってほしいと願い出ることもある。単語を訳せるようになったら、こんどは本文テキストで同じことを繰り返す。これは単語のときよりもたいへんそうに思えるが、実は逆である。テキストには話の筋があるので、単語のときよりもむしろ覚えやすい。ここでチュウはバラバラな単語を覚えるよりも、文章の形で覚えるほうがよいということを実感する。こんなことは外国語教育法でよく言われていることで、べつに珍しくはない。しかし大切なのは学習者が（この場合はチュウが）身をもって実感することであり、そのためには教師が口先で言っているだけではだめなのである。

そして最後にテーマ別単語チェックをおこなう。教科書は文法事項に添って進めているので、どうしても語彙に偏りができてしまう。これを補うためにテーマ別にまとめた単語のプリント教材を作成した。このプリントには、たとえば第一回目には「人を表すことば」として、次のような単語がロシア語と日本語で印刷されている（ロシア語は省略）。

「だれ、家族、両親、子供たち、父、母、息子、娘、兄・弟、姉・妹、夫、妻、男の子、女の子、名前、名字、日本人（男）、日本人（女）、α人（男）、α人（女）」

以上二〇単語である。できればもっと教えたいのだが、チュウにとってはこれが精一杯であろう。日本語－α語辞典とロシア語－α語辞典を渡して自分で調べさせる。すでに知っている言語から引くので問題はない。こうしてチュウは辞書にも少しだけ親しむことができる。できあがったプリントをこちらがチェックして、これで第一日目がめでたく終了となる。体力には自信があるチュウもさすがに疲れた様子であった。

〈第二日目～第四日目〉

このあとは同じパターンにしたがって授業が進んでいく。外国語の授業では何か目新しいものがあるほうが楽しくて生徒も喜ぶかもしれないが、毎回あまりにも違うことばかりやっていると授業のパターンがつかめなくて、戸惑っているうちに授業が終わってしまうことになる。ある程度のワンパターンもこれまた必要なのである。

繰り返しになるが、一つの課を進めるのには次のようなパターンに従った。

①本文テキストと新出単語のテープを聴く
②新出単語の発音練習（テープを聴きながら）
③本文テキストの発音練習（テープを聴きながら）
④本文テキストをノートに書き写す
⑤新出単語の口頭和訳（テープを聴きながら）
⑥本文テキストの口頭和訳（テープを聴きながら）

一日二課進むことになっているので、これが二回繰り返されることになる。もちろんこれに加えて初めに国歌斉唱と前回の復習、また最後にはテーマ別単語チェックがある。

その他にこの『エクスプレス』シリーズは、課が二つ終わるごとにまとめの練習問題が二ページ分ある。そこで第二課と第三課の間、第四課と第五課の間などに一部この練習をやって文法知識の復習をした。
チュウはせっせと勉強をした。もちろん、前に覚えたことがすべて頭に入っているわけではない。チュウはごくふつうの青年なのである。決して語学の天才を相手にレッスンをやったわけではない。ただ持ち前のバイタリティーで（チュウは元陸上部である）、地道に努力をしただけである。たとえ前日に多少飲み過ごそうが、やるべきことはきちんとやってきた。もっとも、それはこちらだってそうである。

〈第五日目〉

五日間というのは本当に短い。最終日はあっという間にやってきた。第八課をいつものパターンで終わらせると、あとは総合テストの準備のためにチュウに一時間与えることにした。彼はコーヒーを飲みながら、ノートなどをパラパラめくっている（理系の学生は実験ノートの感覚なのか、マメにノートをつける）。

わたしはどんなコースでも、最後には必ずまとめのテストをする。社会人を相手に文化センターのようなところで教えたときでさえそうだった。もちろん大不評で、みんなやめてほしいと文句を言っていた。しかしわたしは絶対にやめなかった。べつに結果がどうこういうのではない。ただ一応「まとめ」をして、自分の実力を認識し、さらなる勉強のための励みにしてほしいと思っているのである。

総合テストは筆記問題とディクテーション問題の二本立てとした。もちろん「持ち込み」などという甘い概念はわたしの中にない。筆記はすべてα文和訳で、およそ半分は教科書からそのまま、残りは別の教科書から易しそうな対話文を選んだ。実際のコミュニケーションは習った教科書の範囲からのみおこなわれるわけではない。未知の文に接することも大切だと考えた。

ディクテーションは、次のような文章を選んだ。日本語訳を紹介する。

①「こんにちは」

②「はじめまして」

③「どうもありがとう」

④「どうぞ」

⑤「行きましょう」

⑥「これはビールです」

⑦「それはいいですね」

⑧「これは何ですか」

⑨「もちろん」

⑩「はい、あなたの鍵ですよ」

どれも実用的なものばかりである。すべて教科書から選んだ。

ディクテーション問題を読み上げるのはわたしがやってもよいのだが、同じ人の発音ばかり聞いていてはつまらない。α人がいればよかったのだが、このときはあいにく見つからなかった。そこでα語の発音がうまい日本人女性にお願いすることにした。男性の声と女性の声と、どちらも偏らずに慣れることが必要である。チュウはこの女性の登場にえらく緊張していた。

結果的にチュウは百点満点中八十九点という、すばらしい成績を修めた（はっきり言って、これはかつてわたしが担当した必修のロシア語の点よりもよい）。もちろん、成績がすべてではない。しかしこのるβ国の料理を出す店でビールを飲んで、ささやかなお祝いをした。

五日間よく頑張って、ある程度の成果は上げたわけである。そのあとはみんなでα国料理の店に行って打ち上げとしたかったのだが、残念ながら東京にはそういうレストランがないので、α国の隣にあ

このような実験の経過と結果をどのように判断すればよいのかは、なかなか難しい。とくに語学の場合は、どのくらい定着するかということも大切である。早く覚えたことは早く忘れる。たとえごく少量の知識であるとはいえ、外国語の知識を保持することはたいへんなことなのである。

このチュウの場合、α語は決して彼の専門ではないし、卒業単位になる外国語科目でもない。その知識をキープする必要もない。時が経てばあっという間にほとんど忘れてしまうだろう。

しかし、それでよいのである。外国語が専門でないチュウでも、短期集中でやれば、決して易しくないといわれるα語を学ぶ道筋をある程度つけることができる。そんな実感が得られればそれで十分である。彼も自信をつけたのではないだろうか。またもし将来α語が必要になったら、改めてやり直せばよい。そのときになって初めて、チュウはこの五日間が無駄ではなかったことを悟るはずだ。とはいえ、この先α語が必要となる可能性はふつうあまりないとは思うのだが（ところがチュウはどうやらα国への留学を夢見始めたらしい。われらが理系大学はα国立工科大学とも提携を結んでおり、チャンスはあるのである。もっとも、彼の専門がどうなっているのか、わたしはよく知らない）。

現在、チュウは大学院生となってしまい、とても忙しい。実験に追われる毎日である。それでもたまにわたしの研究室に顔を出してくれる。そのときは必ずα語で「こんにちは」と挨拶をし、「これ食べてもいいですか」（この表現も教科書にあった）といってテーブルのお菓子などをつまみ、「行きま

しょうよぉ」といっては飲みに誘うのである。そういうときわたしは、ああ、まだ少しはα語を覚えてくれているんだな、と思い、いいようのない幸せな気分になるのである。

そうそう、このα語であるが、もうお分かりだろうか？　ヨーロッパ中央部に位置し、ショパンとローマ法王ヨハネ・パウロ二世で有名な、平原の国の言語である。

ムーミンを世界一苦しみながら読む青年

ここにひとりの物静かな理系学生がいる。アンドレイと呼ばれているが日本人である。アンドレイというのはロシア人の先生が彼につけたロシア名であるが、本人がこの名前をとても気に入っているので、ここでもアンドレイとして紹介する。

アンドレイは一、二年生のときにわたしのところでロシア語を勉強していた。わたしの研究室になつく(?)学生はクラスの中でも最初から目立っていたヤツが多いのだが、アンドレイはおとなしくて、その他大勢のうちの一人に過ぎなかった。それがいつの間にかわたしのところに顔を出すようになったのだが、あまりにもおとなしくて印象が薄かったので、いまではそのきっかけすら覚えていない。

わたしの研究室は人の出入りがとても激しい。しかしアンドレイは気がつくといつの間にか来ている。まるで「ざしきわらし」だ。あるときわたしは売れない本を出したのだが、出版社からいまどき珍しいことに検印を押すようにと依頼があった。いくら部数が少ないとはいえ、升目を引いた台紙に数百もの印を押すのは楽じゃない。誰か学生にやらせようと思ってあたりを見回すとアンドレイがいた。印鑑と台紙を渡して頼んだら、彼は小さな声で「ハイ」といって、それから黙々と押印を始めた。一定のペースを崩さないが、印はきれいに押されていく。わたしはその作業の見事さにすっかり感心してしまった。人には思わぬ才能があるものだ。それ以来、データの打ち込み作業とか清書などを頼むと、アンドレイはいつでもせっせとやってくれる。何時間でもやってくれる。夕方過ぎになって、もう作業はいいからみんなと一緒にビールを飲もうよと誘っても、「あっ、もう少しですから」とかいって相変わらずパソコンに向かっているのである。わたしから見れば退屈極まりない仕事なのだが、彼はどうやらそれが苦ではないらしい。いわゆる「根気」があるのだろう。

俗に外国語の学習にはこの「根気」というものが大切である、とされている。このようにコツコツやることが得意な人間が外国語を勉強したらどうなるか、これが今回のテーマである。

一九九七年の三月、アンドレイは生まれて初めて外国へ行った。目的国はもちろんロシア、彼が第二外国語として学んだ言語を試してみるために、一週間の研修ツアーに参加を申し込んだのである。この旅行はモスクワとサンクト・ペテルブルグがメインで、現地の大学生との交流などがあるのだが、飛行機の関係で行きにフィンランドの首都ヘルシンキに一泊することになっていた。

話は逸れるが、実はわたしはこのフィンランドという国が大好きである。大学での専攻を決めるときも、できることならフィンランド語をやりたいと思っていた。フィンランド関係の本も集めており、いつか時間ができたら勉強したいと常々考えていた。だから、フィンランド経由でロシアに行くのはわたしのお気に入りコースなのである。しかし研修に参加した学生にとっては、フィンランドといっても単なる経由地に過ぎず、特別な思いは何もない。せいぜい、ロシアに行く前の耐寒訓練ぐらいにしか思ってないだろう。

ところがアンドレイはやはり地道な青年であった。研修ツアーに参加すると決めた十一月頃から、さっそく書店に行ってフィンランド語の教科書を買い、ひとりで読み始めたのである。もっともこの段階では、出発までに教科書の十分の一ぐらいしか読めず、「こんにちは」「ありがとう」「さようなら」といった、旅行に必要な表現をいくつか覚えるのが精一杯だったという。それでも、たった一泊しか滞在しない国のことも勉強しておこうという態度はすばらしい。

アンドレイが本格的にフィンランド語に取り組むようになったのは、この旅行のあとからである。ことばを勉強している者が実際に現地へ行ってみると、「もっとことばができたらいいのになあ」と思うことはしばしばある。学生だったら、帰国後はもっと一生懸命勉強しようと心に決める。ここまでは珍しくない。しかしその後は、あのときの決意はどこへやら、やっぱり勉強しないというのが残念ながら多くのパターンなのである。

ところがアンドレイは違った。持ち前の根気と粘り強さで、帰国後、フィンランド語の教科書（全二〇課、およそ一四〇ページ）を二カ月ほどで一通り独学してしまったのである！　これは驚くべき能力である。わたし自身もかつて同じ教科書を一通り学習したことがあるが、これはそう生易しい代物ではない。著者は優秀な言語学者で、この教科書も非常によくできてはいるのだが、やはり言語学の素養がなければ読み通すのは辛い。わたしがこの教科書をなんとか読破できたのも、ひとえに言語学の知識に支えられたおかげである。それを理系の学生が曲がりなりにも最後まで勉強したというのはたいしたものである。アンドレイ本人からこの話を聞いて、わたしはその努力を最大級に誉め称えたのだが、「いいえ、全部をちゃんと理解したわけではありませんし……」と、本人はあくまでも謙虚である（というか、暗い）。

その動機は何なのか。外国語の学習ではそのモチベーションが大事であるとされている。彼に勉強の理由を聞いてみると、「ムーミンとF1」という意外な答えが返ってきた。

研修ツアー中、アンドレイは雑誌を二冊買い求めた。一冊はペテルブルグのスーパーで買ったフィンランド語のF1関係の雑誌で、これは彼がもともとF1が好きだったことによる。ちなみにペテルブルグは地理的にも経済的にもフィンランドとたいへん近く、フィンランド資本のスーパーがあちこちにあるので、フィンランド語の雑誌や新聞はわりと簡単に手に入るのである。

もう一冊はヘルシンキで買った『ムーミン』である。ムーミンとはもちろん、フィンランドが誇る世界的に有名な童話作家トーベ・ヤンソンの作品に登場する主人公である。日本でもテレビアニメや本などでお馴染みの、あのムーミンのことだ。ただしアンドレイは、F1の場合と違って、とくにムーミンの大ファンというわけではなかった。フィンランドで有名なのはムーミンとサンタクロース、しかしサンタさんのほうはちょっと季節はずれだったので、何となくムーミン・グッズでもというぐらいの気持ちだった。買い求めた雑誌はヤンソンの原作ではなく、欧米によくある、コマ割りで話が展開していく漫画タイプのものだった。五〇ページほどの薄っぺらなもので、オールカラーの楽しい雑誌である。

ロシアからの帰り、トランジットのため再び降り立ったヘルシンキの空港で、アンドレイはポケットサイズの『フィンランド語－英語辞典』を買った。そして成田までの一〇時間近く、彼は機内のテーブルの上にこの『ムーミン』を広げ、せっせと辞書を引いた。偶然にも、飛行機の窓からはヘールボップ彗星がその美しい輝きを見せていたのだが、アンドレイはわき目もふらず辞書を引き続けた。

ときどき英語が分からなくて、やはりこの研修ツアーに参加していた英語学専攻の女子大生に尋ね、何でそんなつまらないことをやっているんだという冷たい視線を浴びながらも、地道に辞書を引いた。そしてときどき「よく分かんないなあ」と小さな声で呟き、ため息をついた。

フィンランド語は言語類型論的には膠着タイプに分類される。膠着タイプの言語は語が文中で果たす役割を接尾辞が担うので、さまざまな要素が次々と接続され、一つの単語でもやたらに長い。さらに語幹が音変化をすることもしばしばなので、辞書を引くことは決して易しくない。教科書の第二課までしかやっていなかったそのときのアンドレイにとって、よく分からないのは当然である。もっとも、退屈な飛行機の中で知的に時間を過ごすためには、辞書を引くというのもなかなか有意義である。

しかしアンドレイの場合、話はここで終わらなかった。先ほどお話ししたように、彼は帰国後に教科書を最後まで読破したのだが、それと並行してこの『ムーミン』のことも諦めなかったのである。四月以降、彼はわたしの研究室に『ムーミン』と『フィンランド語－英語辞典』を持って現れ、いつも静かに辞書を引くようになった。そしてときどき、小さな声で「うーん」とか「分かんないなあ」などと呟いているのである。

「いったい、何をそんなに悩んでいるの?」、研究室にいる別の学生が尋ねる。

「よく分かんないんだ」とアンドレイ。

「意味が分かんないわけ?」

「ううん、意味はだいたい分かるんだけど、この名詞の文法的な形がよく分からないんだ。この辞書、小さくて、変化形があまり載ってないし……」

理系の学生はここでだいたい呆れる。文法の形が分からないだって? 意味が分かっているんなら、それでいいじゃないか。外国語学部じゃあるまいし、何をそんなに悩んでいるのだろう?（いや、外国語学部出身のわたしが申し上げますが、みんながみんな、そんな綿密な学習態度ではないんですよ。実際には「習うより慣れろ」精神で、いい加減なヤツも多いのです。そのクセ、結局は慣れることすらできない者も少なくないのですが）

初めのうち、アンドレイは文法に関する質問をわたしに尋ねていた。しかし、わたしにしてもフィンランド語をそんなに深く学んだわけではなく、彼のレベルはあっという間にわたしを超えてしまった。研究室のドアの横にあるホワイトボードの伝言板にも、アンドレイからのフィンランド語によるメッセージが増え、わたしはしばしば、辞書を引かなければならなかった。

わたしはいままでに買い集めたフィンランド語関係の書籍を、アンドレイに少しずつ譲り与えることにした。あげてしまうのも何なので、五十年間貸すことにした。より詳しい文法書、旧ソ連カレリア自治共和国で出版された教科書（もちろん、解説はロシア語で書かれている）、会話集、そして大型辞典。いっぺんに渡すと、結局は使わないままということもあるので、計画的に少しずつ与えた。そのたびにアンドレイは「あ、どうもありがとうございます」と小さな声で礼を述べ、受け取った本をパラパラと覗いたあとはそそくさとカバンの中にしまい込む。暗い表情は相変わらずなのだが、嬉しくないわけではないらしい。たいてい数日後には、「先生、あの本、難しいですね。まだ二〇ページぐらいしか読んでいませんが……」というような返事。ということは、あの小難しい本を二〇ページも読んだのか！　とわたしは改めて驚いてしまうのである。

こうしてアンドレイの手元には、フィンランド語関係の本が増えていくわけだが、だからといってあの『ムーミン』を裏切ることは決してなかった。フィンランドの子供なら、おそらく寝っころがったまたまあっという間に読んでしまうようなマンガ雑誌を、彼はため息をつきながら（ときにはレモンウォッカをチビチビなめながら）地道に読み解いていったのである。こうしてわたしの研究室の他の学生たちは、アンドレイの勉強ぶりを「世界一苦しみながらムーミンを読む男」として呆れながらも、彼に密かに敬意を示すようになったのである。

あるとき、いつも暗い顔のアンドレイが珍しく明るい表情で研究室にやって来た。大学にフィンランドからの留学生がいることが分かったそうである。実際、この大学には世界中の本当に多くの国々から研究者や留学生が来ている。わたしがロシア以外に研究対象としているヨーロッパの小さな国からもやはり来日していて、知り合い、交流を深めている。日本でここほど「国際的な」大学をわたしは知らない。

よくよく調べてみれば、偶然にもアンドレイが所属する学科にフィンランドの大学との交換留学枠があるのだという。「うれしいなあ」とアンドレイ。「フィンランド人留学生と友だちになれるかもしれない」

留学できるかもしれない、と考えないところがやっぱりアンドレイである。

さらに偶然は続く。やはり彼の学科に、フィンランドからの研究者が来ており、近々講演があるという。アンドレイはこの講演に向けて準備を始めた。講演自体は日本語でおこなわれる予定なので、言語上の問題はない。そうではなくて、彼はそれまでは読むだけだったフィンランド語を少しは話せるようにしよう、と思い立ったのである。他の学生がワイワイやっている夕方の研究室で、アンドレイはひたすらフィンランド語旅行会話のテープを聴く。「こんにちは」「さようなら」「はじめまして」「ありがとう」「お元気ですか？」「これはいくらですか？」……。

「あのさあ、先生に会うのに『これはいくらですか』はいらないんじゃないの？」

そんなことをいわれたって、アンドレイの耳には届いていない。同じところを何度も聴き直しては、ため息をついている。

「あのねえ、アンドレイ」とわたし。「そういう場面でいわなければならないことは決まっているでしょ。だからそれだけ準備すればいいじゃない」

「どういうことでしょう？」

「だから、『こんにちは、はじめまして、わたしの名前は○○です、○○学科の三年生です、フィンランドに興味を持っています』、まずはそれくらいで十分でしょ？」

「……どうしよう、『三年生』って、どういっていいか分からない……」

前向きだが悲観的というのが、彼の特徴である。

その日、アンドレイはネクタイをしめ、少し緊張した面持ちで研究室に現れた。「これから、フィンランド人の先生の講演があるんです」。ただ講演を聴くだけにしては、ずいぶんと正装（？）ではないか。「講演が終わったあとで、先生にうまく話しかけられるかなあ」。だめでもともと、頑張って行ってらっしゃいといって、彼を送り出した。

数時間後、アンドレイは足取りも軽く、ウキウキしながら戻ってきた。

「フィンランド人の先生はとってもいい人で、ぼくがフィンランド語に興味があるっていったら、フィンランド語を教えてくれるっていうんです」

求めよ、さらば与えられん。フィンランド語は日本において決してメジャーな言語ではない。英語やドイツ語に比べて学習教材も充実していないし、日本にいるフィンランド人も少ない。でも、探せばいろいろなチャンスがある。いや、むしろこういったマイナーな言語を努力して学ぼうとすれば、その言語を母語とする人びとは喜び、救いの手を差し伸べてくれるのである。

このあと、親切なフィンランド人の先生とアンドレイのレッスンは数カ月続いた。彼は例によってため息をつきながらも、レッスンの準備をせっせとした。しばらくすると、専門の論文を先生と読むことにしたらしい。数カ月で専門の論文！「いや、専門用語は英語と同じようなのが多いですし、内容がだいたい分かりますから……」。つまりアンドレイにとっては専門の論文のほうが『ムーミン』よりも読みやすいのである。

これは外国語学習にとって興味深い事実である。子供の本と専門分野の論文、前者が後者より易しいとは限らない。たとえば英語でも、小説や雑誌記事を読むほうが専門の論文を読むよりも難しいことがあると思うのだが、どうだろうか。いや、何よりも自分の興味のあるものを読む、これが大切なのである。アンドレイは喜びを決して表には出さない。それでもフィンランド語のレッスンの日には嬉しそうに予習しているので、はた目にもすぐ分かる。

残念ながら、このフィンランド人の先生は秋に本国へ帰ってしまった。アンドレイはがっかりしたが、優しい先生はEメールで勉強を続けようと提案し、通信講座になったそうである。インターネットによる外国語学習、これも新しい形であろう。もちろん、粘り強いアンドレイのことだからいまでもフィンランド語の学習は続いている。

ヒステリックなまでの明るさがプラスとされる現在、アンドレイはあくまで暗い。一部の学生は「暗奴隷」と書いて「アンドレイ」と読む、などという。暗いアンドレイと一緒にいると、もちろん周囲が明るくなることはない。それでも、アンドレイはこのフィンランド語の学習を通して、研究室の学生たちからも認められる存在となった。彼は自分の気質を最大限に活かし、言語を地道に学んでいる。ことばを学ぶなら、明るくてコミュニケーションの好きなタイプのほうがいい、とされている。それはそうかもしれない。しかし、そういう性格じゃなかったらどうすればいいのか。外国語学習のために性格を変えるわけにはいかない。だったら、自分の持っているものを最大限に活かして、努力していくしかないではないか。わたしはアンドレイのこの地道な性格が、研究者としてもプラスの要素であると思う（わたしの性格は残念ながらちっとも地道ではない）。がんばれ、アンドレイ。前回紹介した明るいチュウも「やっぱり、アンドレイはすごいな」という。もちろん、チュウにはまた別の才能があるわけで、二人を比べることは意味がない。どの学習法がよいというのではない。それぞれが自分の学習方法を見つけてくれればいい、とわたしは思っている。

しかしこのアンドレイの粘り強さ、一歩間違えれば「ストーカー」である。頼むからその根気を正しい方向に生かしてほしい。いや、世間に迷惑をかけている「ストーカー」のみなさんも、そのしつこさを別のことに使えば、すばらしい能力を発揮できるのではと思うのだが。

歌と駄洒落のハングルレッスン

ある年の夏休み、わたしは仕事の関係上、日本で「待機」していなければならなかった。わたしは暑いのが苦手である。だから寒い国の言語であるロシア語を選んだぐらいだ。せっかくの夏休み、何か有効に使わなければ。いくら「待機」でも、語学の勉強ぐらいはできるはず。何かいままでとは違うことをしてみたい。そこでその夏は、アジアの言語と付き合おうと思いついた。

わたしはずいぶんいろいろな言語に手を出しているように思われているが、その範囲はごく限られている。ロシア語とその周辺、それにヨーロッパの言語をいくつか。言語学とか外国語学習法などと偉そうなことを言っていても、所詮はごく狭いことしか知らないのである。しかし言語学というものは理論書や論文を読むだけではダメで、自分でさまざまなタイプの言語に触れてみなければ、言語は見えてこないものだと恩師より習った。そう、実践は常に大切なのだ。

アジアの言語といってもいろいろとある。日本で最もポピュラーなのは中国語と韓国語。どちらにしようかなあと考えたのだが、たまたま非常勤先の大学で韓国語学科の学生たちと親しく付き合っていたので、こちらを選ぶことにした。

夏休みにはいろいろな大学や外国語学校が集中講座を開催しているのだが、どうもぴったりとしたコースがなかった。そこで個人レッスンをお願いすることを思いついた。先生はわたしの教え子である韓国語学科四年生のエッコ先生。さらに彼女の知り合いの韓国人女性にもご協力いただき、二人でわたしに三週間の韓国語集中レッスンをしてもらうことになった。

六月末にエッコ先生は、日本の大学で研究生をしていたソン先生を引き合わせるべく、わたしの研究室を訪ねてきた。わたしが担当する水曜日の「ロシア語上級」が終わったところで、部屋では学生たちがお茶を飲んでいた。ソン先生の日本語はすばらしく、そこらの日本人よりもはるかに美しい日本語を話した。ソウルの韓国外国語大学大学院で日本語を学んだのち、来日して大学院進学を目指しているところだった。二人の先生の都合などを調整し、七月の末頃よりレッスンをお願いすることにした。そして、どのようにレッスンをやろうかと打ち合わせをしていたとき、「韓国語ですか、いいなあ、ぼくも勉強したいなあ」という声がした。これがヂュンだった。

ヂュンは変わったヤツである。当時まだ一年生だったのに、ロシア人講師による「セミナー」という名の会話の授業にせっせと出席をしていて、終わるとわたしの研究室にやってきては上級生たちとおしゃべりをしたり、その後みんなで飲みに行くのに付き合ったりしていた。ことばが大好きで、しょっちゅう駄洒落を考えては喜んでいるようなところもあったが、わたしのクラスでもロシア語文法はよくできた。ただ「英語は嫌いなんです」と公言して憚らない。要するにヒネクレているだけなのかもしれない。もっとも、そういうヤツだからわたしとはウマが合うのだが(だいたいわたしの研究室に出入りする学生は、素直でない者ばかりだ)。

「あっ、そう」とわたし。「韓国語を勉強したいの？　いいよ、それじゃあ一緒に勉強しましょ。でもね、このレッスンはわたしが謝礼を払うのだから、わたしに合わせて進んでいくからね。君からはもちろんお金はいらないけれど、その代わりしっかりとついてくるんだよ」

「えっ、いいんですか？　それではお願いします。レッスンの邪魔にならないよう、ぼくも頑張りますから」

こうして、思わぬ「クラスメート」ができた。勉強するんだったら一人より仲間がいたほうがいい。エッコ先生もソン先生もそれで構わないということで、七月の最終週よりレッスンを始めることに決めた。教科書はソウル大学校語学研究所編『韓国語Ⅰ』（日本語版、一九九四年）で、二人の先生はこれを渡して授業のやり方を説明され、最後にこういわれた。「では、レッスンが始まるまでに文字を覚えておいてくださいね」

実はこの最後の一言が重要な意味を持っていた。「文字を覚えておく」、つまりは韓国語の文字であるハングルが分かるようにしておくことである。これは、とんでもなくたいへんなことなのだ！

わたしはロシア語の教師をしている。ご存じのようにロシア語も日本人には馴染みのない文字を使っている言語である。文字の困難は学習の比較的初期に克服される。しかしその心理的抵抗は大きい。たとえすでに英語でお馴染みのラテン文字であっても、新しい言語でその字面に慣れるにはそれなりに時間がかかる。それが未知の文字だとしたら、その習得にたっぷりと時間をかける必要があることは言うまでもない。わたしのロシア語レッスンでは、週一回の場合、四月に勉強を始めて文字の学習が一通り終わるまで一カ月以上かかる。ロシア語の文字で名前が書けるようになるのは、ゴールデンウィークも過ぎた五月の半ば頃がやっとである。

だからハングルの読み書きができるためには、相当に準備をしておかなければならない。

翌日、わたしは十五ミリ方眼罫の小学生用「J学習ノート」を買い求めた。二十数年ぶりである。裏表紙に「見出しシール」なるものがついていて、「国語」「算数」「理科」「社会」「連絡帳」より科目名を選べるようになっていた。わたしはちょっと考えてから「国語」を選んでノートの表紙に貼り、シールの左側に「韓」の字を手書きで加えた。それからノートの升目の中にハングルを一つひとつ埋めていった。

それまでにもハングルのしくみなどに関する概説を読んだことはあった。ハングルは十五世紀の李氏朝鮮王朝の時代に世宗大王のもとで学者たちが集まって創られた文字である。したがってハングルという名称は言語のことを指すわけではない。「ハングル語」といったら、まるで「ひらがな語」というようなもので、正しくない。

世の中の文字にもいろいろな種類がある。ラテン文字やロシア語で使うキリル文字のように、原則として一つの音に一つの文字が対応しているものを「アルファベット」という。英語の文字だけを指すわけではない。またひらがなやカタカナのように、一つの音節（簡単に言えば子音＋母音）に一つの文字を対応させているものもあり、これを音節文字という。インドで使われているデーヴァナーガリー文字も音節文字である。

ハングルはこの中間で、要素の一つひとつはアルファベット形式だが、文字単位としては音節文字になっている。まるで漢字の部首にように、左または上には子音、右または下には母音の要素が示され、これで子音＋母音を示すのである（単純に言えばの話だが）。

これはひらがなを覚えるよりも効率的である。ひらがなだったら五〇種類の音節のためには五〇種類の文字を学習しなければならない。これに対してハングルはたとえば子音を一四種類、母音を一〇種類覚えれば、それだけで一四×一〇＝一四〇種類の音節が表されるのである。韓国語の先生は「ハングルは理論的だから簡単に覚えられる」と胸を張る。

確かに理論的だ。しかし、である。理論的だからといって簡単に覚えられるかというと、それはまた別問題だ。いくら子音と母音を頭に叩き込んでも、「えーと、左にあるのはKを示す部分で、右はAだったから、KとAで、そうか『カ』だ！」などとやっているようではぜんぜん遅い。これでは文はおろか、単語すらおぼつかない。カタカナの「フ」みたいな形が［k］、「ト」みたいなのが［a］などという認識ではなく、これが組み合わさったものを見てすぐに［ka］の音を思い浮かべなければならないのだ。したがって、一通り子音や母音字を覚えたら、あとは慣れるべく努力しなければならない。そうなったらピアノでもスポーツでも同じ。ひたすら練習あるのみなのだ。

とはいえ、決して苦しくはなかった。自分から勉強しようと決めた韓国語。見慣れぬ文字が少しずつでも読めるようになるのは嬉しい。いや、この文字が読めるようになりたいなあと思って韓国語を選んだと言っても過言ではない。そう、ハングルで自分の名前が書けたら楽しい。この「楽しい」のが大切なのである。

この間ヂュンはどのように勉強していたのか？　わたしも詳しくは知らないがのちに聞いたところでは「もうたいへんでしたョ」と言っていた。「ヒョンなことから勉強できるようになったのは嬉しいけれど、先生（つまりわたしのこと）の邪魔になっちゃあいけないと思って、一生懸命勉強しましたョ」。しかし彼は東京の有名進学高校の出身、しかもごく最近に受験をしてきたばかりである。暗記能力はまだまだ衰えてはいない。とにかく、「ナントカ」してきたようである。

七月最終週より、わたしとヂュンのレッスンが始まった。はじめの一週間はエッコ先生の担当である。文字と発音のしくみをごく簡単に説明したあと、実際に単語を発音する。二人とも恐る恐る単語を読む。そういえば文字の読み書きばかりをやっていた二人にとって、実際に音を発することはあまりやっていない。それにそれまでは独学だから発音練習には自ずと限界があった。韓国語は日本語よりも音韻の数が多い。日本語では区別しない音もきちんと発音し分けなければならない。詳しくは適当な韓国語入門書を開いてみれば説明されている。さらに発音ができたら単語を覚えなければならない。さらには文章の組み立て方を学ぶ。やれやれ。

辞書は引かない。文字の読み書きもおぼつかないのに辞書を引くどころではない。教科書に出てくる単語をせっせと覚えることのほうが重要である。

韓国語の場合はとにかくきちんと発音をするよう努めること、そしてそれを書けるようにすることが第一歩である、とわたしは考える。韓国語には「濃音《のうおん》」と呼ばれる一連の子音群があるが、これがなかなか難しい。菅野裕臣監修『朝鮮語を学ぼう』(三修社、一九九四年)によると、この濃音を発音するには「①息をけっして出さない　②のど(声門)をしめつけるように緊張される」とある。うーん。先生の真似をしながらヂュンと一緒に練習するが、息を殺してのどから音を出そうとすると、なぜかつむじのあたりが上へピンと引っ張られるような気がする。まるでマリオネットみたいに頭をピクピクさせながら、ふたりで濃音の練習を繰り返した。傍からみたらずいぶん間抜けな光景である。

こういうときに一緒に勉強する仲間がいるといい。授業は午前中におこなわれたが、ヂュンとわたしはたいていその三十分前に大学へ来て、クーラーのスイッチを入れ、コンビニで買ってきた麦茶を飲みながら、毎回の単語復習テストの予習をした。授業中はわたしの言語に対する飽くなき探究心とギュンのことば遊びが好きな性格とが一体となって、さまざまな実験をおこなった。つまりは二人でつまらぬ「韓国語ダジャレ」を考えては喜んでいたのである。これは外国語学習を楽しくするための方便であり、またあまりにもクダラナイためここで具体的に紹介することは避けるが、しかし先生は呆れたろうなあ。ただしリラックスすることは学習上とても大切なことであり、また習ったことをすぐに使えるようなよい雰囲気へとつながる。

第二週目はソン先生の担当である。原則としてエツコ先生が進めたところの続きをやるのだが、こちらが韓国語に少し慣れてきたところを察し、またネイティヴとして音声を大切にしたいこともあって、先生は復習をしたり、補助教材で知識を補ってくださったりもした。また文字と発音の関係をさらに定着させるべく、ディクテーション（韓国語でパダッスギ）も毎回のように練習した。

発音に関しては（性格もあるだろうが）ソン先生のほうが優しかった。一般にはあまり知られてないことだが、音の受容に関してはネイティヴのほうが寛容である。つまり発音の仕方が多少ずれていても、ネイティヴならば見当をつけてなんとか分かってくれるのである。エツコ先生は大学でしっかりと韓国語を身につけた方なので、標準的な発音をわれわれに要求する。この両方があったのでとてもバランスがよかったと思う。ただ、ネイティヴに習えば発音がよくなるわけではない、ということは強調しておきたい。

ソン先生の授業では、習ったことを実際に使ってみることにポイントが置かれた。いままで覚えた表現を組み合わせて、文を作ってみる。間違えたって恥ずかしいことはなにもない。どうせ先生とギュンしかいないのだし、もともと間違えることには抵抗感がない。どんどん覚えてどんどん使って、どんどん間違えた。それはギュンもそうだった。ふたりともいいたいことが多すぎて、習ったことを超えてまでいろいろと表現しようとしてソン先生を戸惑わせた。まあ、授業が盛り上がっている証拠なのだが。

ギュンは授業にしっかりとついてきた。習ったことを記憶することにかけては、さすがにわたしより上だった。だが知識を応用することにかけてはこちらのほうが少し勝っていた。七〇年代産国立理系型コンピュータ（ギュン）と、六〇年代産私立文系型家電製品（わたし）ではここが違う。

濃音を発音するたびに頭をピクピクさせ、低レベルのダジャレを作ってばかりいたレッスンはとても楽しかったが、ソン先生の授業にはもう一つの楽しみがあった。歌を教えてもらったことである。前にも書いたが、歌は外国語の学習に多大な効果をもたらす。発音練習にもいいし、文化に触れることにもなる。習った歌は二曲。「サランヘ（愛しています）」と「マンナム（出会い）」はどちらも韓国ではたいへん有名な現代歌謡曲。日本では「アリラン」と「トラジ」がとくに有名だが、少々古典になりつつある。いまでもふつうに歌われている一般的な曲を教えてくれたソン先生の選曲はとてもよかった。歌詞を覚えるのも教科書の例文を覚えるのも同じ苦労なのだが、どちらが楽しいかといえばそりゃあ決まっている（外国語の教師がこんなことを言っていいのだろうか?）。先ほどの方眼罫ノートに何度も歌詞を書き写しては、家の中でも歌っていた。

第三週はふたりの先生が交互に担当し、最後の金曜日はコース修了テストとなった。どんなテストでも力を抜いてはいけない。ふだんからの復習の他に、前日は真剣にテスト勉強をした。ギュンはこの間、高校時代の部活の合宿にOB参加したりで何回か欠席したが、最終回にはテスト勉強をしっかりとして現れた。さすがは受験のプロである。

テストはエツコ先生が文法問題、ソン先生がディクテーションだった。文法問題のあと疲労気味のヂュンとわたしに、ソン先生は容赦なく韓国語文を四三問も読み上げ、この地獄のパダッスギにはもうへとへとになった。

エッコ先生の問題には、次のような和文韓訳が出題された。

①「きのう渋谷で映画を見ました」
②「わたしはいつも忙しいです」
③「ではまたお電話します」
④「どこの国に行かれましたか？」
⑤「韓国でまた会いましょう」

いまではまったく自信がないが、このときはなんとか表現している。全二五課の教科書のうち、文字と発音に当てられたはじめの五課分は独習、残り二〇課を一四日間で何とか仕上げ、最終日にはテストに臨んだのである。なんという集中度！　しかしまったく悲壮な気持ちになることなく、土日を除く三週間、ヂュンとわたしは外国語学習の世界にとても楽しく遊んだ。

あの三週間、わたしは家に帰ってもせっせと発音練習をし、方眼罫に文字を埋め、韓国の歌を歌っていた。他には韓国関係の本を少し読んだ他、ほとんど何もしなかった。まったく、韓国と韓国語にどっぷり漬かった日々だったが、その充実ぶりは実際に現地で過ごすのに決して引けをとらない。日本にいたって、やり方によっては「疑似在外体験」ができるのだ。

テストの結果はふたりとも合格点をいただいた。わたしは挨拶表現をきちんと暗記していなかったため、少し減点された。挨拶のできない日本人。文法ばかりに注目してしまう職業病が出てしまって情けない。ヂュンはわたしよりもよい成績を収めた。国立理系型コンピュータに敗北したことをここに告白しておく。そしてテストのあとはもちろん「打ち上げ」で飲んだり食べたりしたあとはカラオケに行き、「サランへ」と「マンナム」を復習したことはいうまでもない。

数年前の夏のことをいまこうして振り返ってみると、この集中レッスンはあまりにも理想的だったと思う。ヂュンは記憶力の良さとおしゃべりな性格を十分に活かし、本当によく勉強した。ヂュンのことを考えると、一緒に勉強した仲として、いままでのチュウやアンドレイのように客観的に評価することはできない。ただし「楽しく勉強する」ことを共有したことだけは間違いない。そして楽しい授業にしようと、生徒であるヂュンもわたしも努力したのである。

わたしは楽しい雰囲気がなければ語学の学習は絶対にできないと信じている。授業中も学生に言う。楽しい授業にしようよ。恐怖をもってしても語学はうまくならない。先生に厳しく脅されれば勉強する気になるだろうか？　だったら学習者の背中にトカレフを突き付けてあげてもいい（うーん、どこかのロシアマフィアから手に入れなければならない）。でもそんなことしたってダメなことは誰にでも想像がつく。では、どうすれば楽しい授業になるのか。それにはどうしたって、学生の協力が必要だ。先生が一人で頑張ったって、それだけでは無理である。授業は教師と学生の両方で作っていくものだ。もちろん、知識は教師が提供する。では、学生は？　それぞれが受講者の気持ちになって考えてほしい。

ヂュンは頭が良く、またことばに対して鋭いので、余計な発言が多い。腹が立つこともあるが、しかし同じ人間と思うから不愉快になるのである。宇宙人と思えば腹も立たない。研究室の学生たちも彼を「宇宙人」と呼ぶ。本人も「ええ、わたしは宇宙人です」とニコニコ答える。しかしこの宇宙人、外国語学習への情熱は高く評価したい。いや、ただウケをねらっているだけなのかもしれない。しかしことばで相手を楽しませようという態度は、結局のところ外国語の学習には必要な要素ではないだろうか。ことばはコミュニケーションの手段。ただし情報を伝えるだけがすべてではないことは、世界のあらゆる言語でことば遊びがあることからも分かる。そう、ことばを楽しむということからすべてが始まるんだと、わたしは信じている。

(ここでは「韓国語」という名称を使った。これはエツコ先生が学んだ学科名が「韓国語学科」であり、またソン先生が韓国人であるから、この表現を採用したまでである。)

ラマダーン明けのセルゲイ君

わたしの勤める理系大学には、世界各国から研究者や留学生が来ていることはすでに述べた。留学生にもいろいろあるが、母国の大学を修了してから研究を続けるために来日するケースが多い。しかしそればかりではない。むこうの高校を卒業してすぐに日本へやって来る留学生も少なくない。とくに地理的にも近い中国語圏からは数多くの留学生がこの大学で勉強している。韓国からの留学生も多く、キャンパス内で韓国語を聞くのは珍しいことではない（もちろん、中国語もあちこちで響いているのだが、少しばかりとはいえ勉強をしたことがある韓国語のほうが、わたしにはちょっと気になる）。その他、東南アジアからの留学生も多く、その中でもイスラムの女性たちは大学でもチャドルをしているので、ちょっと目立つ。

だがたいへん残念なことに、「第二外国語」の教師をしているとこういった留学生たちを教えることがあまりない。もともと人気のないロシア語、忙しい留学生がわざわざ選んでくれることも稀である。しかも留学生の場合は第二外国語の代わりに別の科目をとることもできるらしく（当然の処置である）、出会うチャンスはますます減る。

それでもたまには、ある。

ある年の四月、第一回目の授業のあとで、ちょっと茶髪の入った、しかしおとなしそうな学生が、おずおずと話しかけてきた。

「あの、わたし、モンゴルからの留学生ですが……」

来日して日が浅いせいか、まだ日本語がたどたどしい。そういえばモンゴルのような旧社会主義圏ではかつてロシア語が必修だったはず。どのくらいできるのだろうと思って、ロシア語で質問してみた。

「モンゴルでは何年間ロシア語を勉強しましたか？」

すると、日本語よりはるかに流暢なロシア語で答えが返ってきた。

「学校で十年間、勉強しました」

……わたしはロシア語はもういいから、日本語の勉強を頑張るようにと指示した。

また、ヴェトナム人の留学生が二人もいたことがあった。

「君たちだって、ロシア語をやったことがあるでしょう？」

「はい、八年ぐらい。でも、忘れていますから、授業に出たいです」

まじめな彼らはそれからほとんど休むこともなく、きちんと授業に参加した。わたしは研究室に『ロシア語・ヴェトナム語辞典』を備え付け、分からないことがあったら研究室に来るように伝えた。二人はときどき辞書を引きにわたしの研究室に立ち寄り、ついでにお茶など飲みながら話をしていったりした。日本語も十分できるので、ふだん話をするときにはまったく問題がない。テストのとき、彼らが不利にならないように「露文和訳」の問題は出さないようにしたけれど、いま思うとそれも必要なかったかもしれない。

その他に中国人の留学生にも何人か教えたけれど、とくに印象的な出来事はない。だいたい留学生は忙しいのである。暇なロシア語教師の相手など、あまりしてくれない。


今回の主人公はトルコ人である。トルコ語の名前は覚えにくいので、セルゲイというロシア名をつけた。オリジナルの名前と音が似ているからである。

みなさんはトルコ人といったらどんなイメージを持つだろうか？　アラビアンナイトに出てくる、ランプの精みたいな風貌を思い浮かべてはいないだろうか？　まあ、そういうトルコ人もいるかもしれない。しかしセルゲイ君は違う。どちらかというとヨーロッパ風である。ロシア人だといってもそうかなと思えるし、ギリシア人だといっても信じられる容貌である。実際、彼は旅行用のヴィザを取るため、日本のイタリア大使館に行って困ったそうである。

守衛「（イタリア語で）おまえ、イタリア人だろう？」

セルゲイ「（英語で）あの、ぼくイタリア語が分からないんですが」

守衛「（懲りずにイタリア語で）なーにふざけてんだ！　ぜったいイタリア人だよ！」

もっとも、人のことは笑えない。わたしだって初対面のときは彼のことをてっきりロシア人だと思い込み、ロシア語で話しかけてしまって、ずいぶん驚かせたことがある。もちろん、セルゲイ君はロシア語をまったく知らず、他の一年生と同じようにキリル文字から勉強を始めるのだった。

さて、最近のロシア語の人気のないことといったらひどいもので、このセルゲイ君のクラスも受講者は一〇人足らずであった。

「でも、人数の少ないほうが勉強になっていいです」とセルゲイ君。でもねえ、教師にとっては少し悲しいことなんだよ。

だからほんの二、三人が休んだだけでも、人数が急に減った気がする。ある冬の日に授業に行ってみれば、流感がはやっているのか、クラスには五人くらいしかいない！ これでは教科書を先に進めるわけにもいかなくなる。

「じゃあ、きょうは特別にわたしの研究室で復習をしましょう。そのほうが暖かいし、それにこの人数なら入りきるでしょ」

こうしてみんなゾロゾロとわたしの研究室へ。中にはふだん見たこともないような外国の本がズラリと並んでおり、理系の学生たちは物珍しそうにこれを眺めている。

「コーヒーでも入れましょう。みんな、コーヒーでいい？」

「あっ、ぼくはコーヒー飲めないんで」

「分かった。じゃあ、君は紅茶ね。他には？ セルゲイ君はコーヒーでいいの？」

「はい、先生。コーヒーをお願いします」

そして一呼吸をおいてから、彼はとても印象的なことを言った。

「先生、ぼくはきょう、とても嬉しいんです」

「へえ、何かあったの？」

「はい、ラマダーンが終わったのです」

［イスラムの基礎知識①］ラマダーンとは断食月のことを指す。

断食sawmイスラムのイバーダートの一つで、五柱（六信五行）の第4にあげられる義務。ムハマンドはメディナへのヒジュラの直後、ユダヤ教の制度にならってアーシュラーを断食の日と定めたが、バドルの戦の後、ラマダーン月（9月）を断食の月とした。イスラム教徒はこの1カ月間、日の出から日没までいっさいの飲食を禁ぜられ、つばを飲み込むこと、喫煙、性交、意図的射精も許されない。ただし子供、病人、身体虚弱者、妊婦、授乳中の婦人、旅人、戦場にある兵士などは除外されるが、最初の3者のほかは、原則として後日埋め合わせをしなければならない。（後略）

嶋田襄平、板垣雄三、佐藤次高『イスラム事典』（平凡社、一九八二年、一二五ページ）

確かに知識としては、イスラム教を信仰する地域にそのような習慣のあることは知っていたが、身近でこんな話を聞くのは初めてである。

「ラマダーンの期間、太陽の出ている間は飲んだり食べたりできなかったのですが、もう終わったので大丈夫です」

「じゃあ、コーヒーもいいんだね」

「はい」

「お砂糖は？」

「お願いします」

「砂糖はロシア語で何ていうんだっけ？」

「サーハル（caxap）」

「よくできました。ではあげましょう」

「トルコ語では、シェケル（şeker）っていいます」

こうして、このシェケルという語とともに、わたしのトルコとのお付き合いが始まったのである。


ご存じのように、旧ソ連邦は多民族国家であったが、もちろん宗教もさまざまなものが存在していた。ただ、社会主義と宗教とはどうも共存しにくいものなので、かつてはあまりクローズアップされることがなかった。しかしながら、社会主義には悪いが、宗教はどこの土地でもはるか昔から生活に密着しており、そう簡単に消えはしなかったのである。

旧ソ連邦の中でも、中央アジアやアゼルバイジャンといった地域では、イスラム教が優勢である。この地域の研究をやるためには、イスラムに関する知識が不可欠である。ところが不勉強なわたしは、このイスラムについて、通り一遍のことしか知らない。かつて友人とウズベキスタンを旅行したときには、美しいモスクや博物館の展示品などを見ても、知識がないためになんだかいまいちピンとこなかった。これがキリスト教圏ならば、もっと理解できたろうに。

だからこうして目の前にイスラム教徒が現れると、いったいどういう態度で接したらよいのか、戸惑ってしまうのだ。

そして、セルゲイ君もたいへんに真面目なイスラム教徒なのである。

「お酒は飲みません」

これはべつによい。確かにわたしはいつもよく飲む連中と付き合ってはいるが、飲まない人もときどきいる。そういう人にはノンアルコール飲料を用意すればよいことだ。面白いことにセルゲイ君は「キリンレモン」が好きだそうで、それ以来、研究室の冷蔵庫にはなるべく常備するように心がけることにしている。

「豚肉は食べません。他のお肉も、ちゃんとお祈りがしてあるものでなければだめです」

「イスラムの基礎知識②」

……コーランでは、死肉、流れる血、豚肉、アッラー以外の名が唱えられて屠殺された動物の肉、絞め殺された動物の肉、撲殺された動物の肉、墜死した動物の肉、角を突き合わせて殺された動物の肉、野獣が喰い残した肉、さらに賭博で分配した肉などを食べることを禁じている。所定の屠殺法は「アッラーの御名においてアッラーは偉大なり」と唱えつつ鋭利な刃物を用いて一気に頸動脈と喉笛とを切開すること（もっとも苦痛を与えないで屠殺する方法）である。

（後略）

（前掲書、二一八ページ）

つまりはビールのつまみのハムやサラミソーセージが食べられないということである。これからはつまみにも気をつけなきゃ。

しかしこういう「食事制限」のある人はいろいろと不便ではないだろうか？　いったい昼食などはどうしているんだろう。

「学食でキツネうどんを食べています」

聞けば、学食では彼の食べられるものがあまりないのだそうだ。他民族に対する理解のないままに留学生を受け入れている結果である。ごめんなさい。

しかしまあ、慣れてくればそれもたいしたことではない。お茶やキリンレモンを飲みながら、ポテトチップスでもつまめばいいのだ。

外国人と付き合うときに、食べ物と並んでもう一つ重要なのは、もちろん言語である。

ところがこの点に関しては、セルゲイ君はまったく問題がない。

彼はトルコでは日本語を勉強していない。高校を卒業後、来日してから大学に入るまでの一年間、日本語学校で集中的に勉強をしたのである。わたしと出会った頃は日本語を始めてまだ二年も経っていなかったのだが、すでにすばらしく上手に話すことができた。職業柄、日本語のうまい外国人は身近にたくさんいるが、学習期間を考慮すると、こんなにできる人は見たことがない。これだけ話せれば、外国語の苦手な理系の学生とも安心して話せる。いや、日本人と比べても、たとえばアンドレイなんかより日本語がよっぽど達者だ。

理系の学生だって、外国語上達の秘訣を知りたいと考える。

「いったいどうやって日本語を勉強したの？」

「どうって……。まあ、日本語学校の頃は毎日、朝から晩まで勉強して、たいへんでしたけれど」

「セルゲイ君って、語学の天才なんじゃないの？」

「いや、そんなことないですよ。トルコ人にとっては日本語は易しいんです。たとえば文法とかも似ているから、勉強がしやすいんですよ」

「本当かなあ？」

「本当ですよ。だからね、日本人にとってはトルコ語が易しいんです。勉強してみませんか？」

こうして、セルゲイ君の誘いに乗せられて、わたしは興味をもち始めたトルコ語のレッスンを受けることになったのである。

レッスンは二週間ほどで、六回おこなった。かつてチュウで実験したことを、こんどは自分で試してみることにしたのである。教科書は大島直政『エクスプレス・トルコ語』（白水社、一九八八年）。セルゲイ君はアルバイトでトルコ語を教えているので指導経験もあり、補助教材なども用意してくれて、有り難かった。彼もなかなか忙しいので、そんなに続けられそうにもないことは分かっていたのだが、それでも勉強になった。

トルコ語は言語類型論的にいえば、フィンランド語と同じく膠着タイプである。しかしその語順は主語＋目的語＋述語となるので、その点では韓国語や日本語に近い。しかも韓国語と違って文字が見慣れないわけではなく、ラテン文字に少しだけ付属記号をつけて書き表す。ということは、難しいと言い訳することがまったくできないのである。

『エクスプレス・トルコ語』の四ページには次のような記述がある。

2. トルコ語の重要な3ポイント　例えば、日本語と英語の相違点をあげればきりがないでしょうが、日本語とトルコ語の文法上の違いは、①語尾変化において《母音子音調和》という法則がある。②動詞、助動詞「…だ、…です」に人称語尾が付く。③名詞に人称語尾を付けて《誰のものか》を表現できる、の3点だけです。

とある。しかしこれだって学習を困難にするほどの特殊性とはいえない。フィンランド語やハンガリー語でもある現象だし、どう考えても、たとえばロシア語よりずっと簡単そうだ。つまり、日本人はトルコ語を難しいという権利がないのである。

だから、あとは根拠のない嘆きであり、ぼやきに過ぎない。たとえば、単語が覚えられない。トルコ語の基礎語彙はヨーロッパ諸語と共通する語があまりなく、さらに言語浄化運動が功を奏したおかげで外来語が限られている。つまりは、馴染みのない音の組み合わせを意味の単位として、頭に叩き込まなければならないことになる。そんなこと、難しいうちに入らないのだが……。しかし、いままでに考えたこともないような音の組み合わせをそっと発音してみると、なんだかちょっと面白い。

もうひとつは構文、すなわち語順である。わたしはいわゆるヨーロッパの言語ばかりを学んできたので、「主語＋述語＋目的語」という語順に慣れている。いや、それどころか慣れ過ぎてしまって、逆に日本語と同じような「主語＋目的語＋述語」という語順のほうがどうしても馴染めない。脳がそのようなパターンに慣れてしまったのだろうか？　だめな脳である。さらに「わたしは日本人です」とか、「わたしは忙しい」のように、名詞や形容詞が述語となるとき、トルコ語では助動詞を結合させるので、結局は日本語と同じしくみなのだが、「ヨーロッパかぶれ」のわたしは、どこかに連繋動詞（英語のbe動詞）を求めているのである。

しかし、わたしのお粗末なトルコ語学習記はもうこのぐらいでいいだろう。要はまったくうまくならなかったのである。いや、きちんと時間をかけなかったのがいけない。最近たいしたこともしていないのに何だか忙しくて、外国語さえ勉強できないのだから、情けない。多忙は外国語学習の敵なり。

ただし、セルゲイ君という、わたしにとって未知の文化を担った真面目なイスラム教徒が近くにいてくれるようになったことは大きな収穫である。

先日、セルゲイ君は自分のアパートにみんなを招待してくれた。わたしは学生たちに、前もって彼が真面目なイスラム教徒であることを確認し、さらに手ぶらで遊びに行くことは研究室の恥であると伝えておいた（わたしは常日頃より「手ぶらはいかん」と学生たちに教えている）。イスラムの習慣に慣れない学生たちは、いったい何を手土産に持っていけばよいのか、ずいぶん戸惑ったようだ。あるものはなぜか牛乳を持ってきた。別の学生は「ちゃんと考えてきました」といって、カバンの中からいきなりバナナとミカンをとりだした。おい、セルゲイ君はサルじゃないんだぞ！

こんな間抜けなわれわれに、セルゲイ君は「そんなに気をつかわなくてもいいのに」と笑い、彼がトルコ人留学生仲間と一日がかりで作った郷土料理を振る舞ってくれた。実家にいるときにはお料理なんてろくにしなかったのに、最近は本を読みながらいろいろとトルコ料理にチャレンジしているらしい。中にはチキンの料理やヒツジ肉のケバブもあった。

「お肉は大丈夫なの？」

「大丈夫、ちゃんとハラルの肉（お祈りをした肉）を買ってきたから」

「そんなもの、日本で売っているの？」

「もちろん、けっこう売っていますよ。これは武蔵小杉の専門店で買ったんですけどね」

こうして、わたしたちはセルゲイ君のそばにいるだけで、さまざまなことを学ぶのである。そしてこういうことを知ることができるのもすべて、彼のすばらしい日本語のおかげなのだ。

そうそう、セルゲイ君もわたしの大学の学生なんだから、もちろん理系である。バイオテクノロジーを勉強しているのであって、日本語や日本文学が専攻ではない。

水曜日、理系大学で「文学」する

わたしの勤める理系大学では、水曜日の午後に「ロシア語上級」という必修ではない授業が開講されており、わたしはここ数年ずっとこれを担当している。最近のいろいろな大学改革がらみで、名称だけは変わったが、要するに必修科目である初級と中級を終えて、それでも懲りずにロシア語を勉強したいという学生や院生が集まる授業なのである。人数はふつう二、三人と少ないが、ロシア語を自主的に勉強したいと考えるような、教師としてはとてもカワイイ学生が来るわけで、ここはひとつ大事に育てたいと思う。しかし、相手は理系。さて、どんな授業をしたらよいのだろうか？

わたしが勤めて最初に持った上級クラスの受講者は、学生と院生を合わせて三人だけであった。初めの何回かは文法問題などをやってどのくらいの語学力があるのか様子を見たが、そろそろ何か講読でもと思う。しかし何を読んだものか？　やはり理系だから易しい科学読み物がいいのだろうか？　でも、そんなもの、教師のほうが分かるだろうか？　とにかく受講生に聞いてみることにした。

ところが、意外なことに彼らの答えは「何か小説とか、物語が読みたいですね」というものだったのである。

「何か、理科っぽいものがいいんじゃないの？」

「いえ、そういうのはふだんから十分に接していますから、違ったものがいいんです」

のちに同僚の英語教師から聞いてもそうだったのだが、学生はわれわれ教師が考えるほど理系に凝り固まってはいない。外国語で書かれた文学を読むことが好きな者もけっこういる。必修科目でもないのに、たとえばロシア語を履修しようなどという学生はやはり意識が高いのか？　いやいや、わたしなんかから付け焼き刃の科学読み物なんかを習ったところで、何の役にも立たないことがよく分かっているのだ。そう、そのとおり。繰り返すがわたしに理科のことなど聞かないでほしい。

文学が読みたいことは分かった。それでは具体的に何を読もうか？　理系の学生がロシア文学に詳しいわけはない。そこまで要求するのは無理というものだ。こんどは教師のほうがよい教材を選ばなければならない。

講読作品を選ぶとき、わたしは方針を二つ立てた。まず現代の物語を選ぶこと。十九世紀以前が舞台だと、語学以外にもレアリア（言語外現実）が分かりにくいので、これは避ける。もう一つ、受講生はみんな二十歳前後の青年男女である。だから主人公は彼らに年齢の近いものが望ましい。中年の悲哀を彼らに理解しろといってもそれは無理というもの（わたしだってまだ分からない）。できれば登場人物に感情移入ができて、物語を自分と比べることができたら楽しいのではないかな、と考えたのである。こうしてワレンチン・ラスプーチンの「ルドリフィオ」を読むことにした。

ラスプーチンの作品は、日本でもすでにいくつか翻訳が紹介されており、作者自身については『マリアのための金』（安岡治子訳、群像社）の解説に詳しい。短編「ルドリフィオ」は一九七五年、作品集『生きよ、そして記憶せよ』に発表された。農村が舞台となることの多いこの著者の作品の中で、これは珍しく都会の物語となっている。

授業は毎回翻訳をおこない、読んだところまでを各人が分担して、翌週までに訳文を提出するということにした。だから読み終わる頃には、日本語訳がひとつ完成するというわけだ。

内容をだらだら紹介するよりも、少し長くなるが実際の訳の初めのところをご披露しよう。もちろん、受講生が訳して、わたしが手を入れたものである。


はじめて会ったのは市電の中だった。彼女が彼の肩に触れた。目を開けると、彼女は窓の方を指しながら言った。

「あなたの降りる駅ですよ」

市電はもう止まっていた。彼は人混みを押し分けながら彼女の後に続いてすぐに飛び降りた。まだほんの子供だった。一五、六歳、それ以上ではないな。目をぱちぱちさせている丸い顔を見れば彼にはすぐにわかった。彼女は感謝の言葉を待ちながら顔を彼の方に向けた。

「ありがとう」彼は言った。「乗り過ごしてしまうところだったよ」

これでは不十分だと感じ、こう付け加えた。

「今日はとんでもない一日だった。疲れていたんだ。それなのに八時には電話がかかってくることになっているし。君のお陰でほんとうに助かったよ」

彼女は喜んだようで、二人は疾走する車に注意しながら一緒に道を横切って走り出した。雪が降っていた。彼は車のフロントガラスの上でワイパーが動いているのに気がついた。雪が降っていると家には帰りたくない。ほら、こんなにやわらかくてふんわりとして、まるでどこか空の上の方で、世にも珍しい、雪でできた鳥の羽根を引き抜いているかのような雪。電話を待ってから、また出てみようと彼は決めた。この先黙っているのは都合が悪いので、彼女になにを話したものだろうかと考えながら。しかしなにを話してよくて、なにを話してはいけないのかが分からなかった。そこで相変わらず考えていた。そのとき彼女が自分からこう言った。

「わたしの方はあなたを知っているわ」

「えっ、そうなの？」彼は驚いた。「一体どうして」

「あなた、一一二番地に住んでいるでしょう。わたし一一四番地なの。平均してわたしたち、週に二度は一緒に電車で通っているのよ」

「そりゃ、面白いね」

「何が面白いのよ。ちっとも面白くないわ。あなたたちってみんな、恐ろしいほどエゴイストなのよ。違うっていえる？」

彼女は頭を右へ向けると左側から彼のことを下から上へじろじろ見た。彼はふむというだけで、彼女にどうにも答えようがなかった。彼女にどう振る舞うべきか、何を話してはいけないのか、相変わらず分からなかったからである。

しばらく、二人は歩いて行った。彼女は、まっすぐ自分の前を見ていた。まっすぐ自分の前を見つめたまま、何もなかったかのようにこういった。

「あなた、まだ自分の名前をいってなかったわよね」

「それは君にとって絶対必要かい？」

「そうよ。何か変？　どういうわけか、わたしが人の名前を知りたいというと、必ずわたしがその人に不健全な興味を持っているんじゃないかととる人がいるのよね」

「はいはい」彼はいった。

「分かったよ。もし、君に絶対必要ならば、僕の名前はルドリフさ」

「何ですって？」

「ルドリフ」

「ルドリフ？」彼女は笑い出した。

「何だよ」

彼女はさらに大きな声で笑い、彼は立ち止まって彼女をながめた。

「ル・ド・リ・フ」彼女は口をすぼめて、また笑い出した。

「ル・ド・リ・フ。なんか、おりの中の象さんみたい」

「何だって？」

「怒らないでよ」彼女は袖に触れた。

「だって本当におかしいんだもの。しょうがないでしょ」

「しょうがない子だな」彼は腹を立てた。

「そう。わたしは子供で、あなたは大人」

「君、いくつ？」

「一六」

「僕は二八」

「だから言っているじゃない。あなたは大人で名前はルドリフ」

彼女は彼の左側より下から上へちらちら見ながら、また可笑しそうに笑い出した。

「じゃあ君の名前は？」彼はきいた。

「わたし？　絶対に当たりっこないわよ」

「別に当てようなんて思ってないよ」

「もし当てようとしても、絶対に無理。わたしはイオっていうの」

「へ？」

「イオ」

「よく分からないな」

「イオ。だからインプット（input）の『イ』とアウトプット（output）の『オ』よ」

（註：ここは本来、まったく違う語が出てくるのだが、ロシア語の略語などそのまま訳せるはずもなく、ずいぶんと困った。この「インプット」と「アウトプット」は受講者のうちのひとりが考え出したものであるが、とても理系チックな発想で、なんだかとても可笑しかった。）

逆襲がすぐに始まった。どうにも止まらないように、彼は前後に激しく揺れながら大笑いした。彼女をちょっと見るだけで、彼には笑いが込み上げてきて、ますます大笑いし始めた。

「イ〜オ〜」彼は喉をごろごろ鳴らした。「イ〜オ〜」

彼女はそっぽを向いて待ち、彼が少しおさまると怒っていった。

「可笑しい？　ちっとも可笑しくなんかないわよ。イオっていうのはラトヴィア人の普通の名前で、わたしはラトヴィア人なのよ」

「ごめんよ」微笑んで彼は彼女の方にかがみ込んだ。「でも、実際可笑しかったんだよ。ほら、これでおあいこだろ」

彼女はうなずいた。

初めにあるのが彼女の家で、その先に彼の家があった。玄関で立ち止まると彼女は尋ねた。

「電話番号は？」

「それは君にはいいでしょ」彼は言った。

「恐いの？」

「いや、ちがうよ」

「大人はこの世のすべてを怖れているのよね」

「そうだね」彼は同意した。

彼女は手袋から小さな手を引き出すと彼に差し出した。手は冷たく、穏やかだった。彼はその手を握った。

「さあ、家まで走るんだ、イオ」

彼は再び笑い出した。

玄関のそばで彼女は立ち止まった。

「こんどは市電の中でわたしに気がついてくれるわね？」

「もちろん気づくよ」

「じゃあ、市電でね」彼女は頭の上に手を挙げた。

「……いっしょに出かけるあの中で」彼は付け加えた。

本当に長々と引用してしまったが、この物語はこういうふうにして始まる。ここまで読んだだけで、このイオという女の子はちょっとエキセントリックであるという印象を持つ。実際にこのあとルドリフは、イオにいろいろと振り回されることになるのだが、ここでは紹介しない。

文章は会話が多いので、文字がぎっしりと詰まった説明文を読むより、簡単そうに思える。ところが実際は逆で、会話を生き生きとした日本語に訳すのはとても難しい。ただ直訳をすればいいというものではない。状況をよく考え、このような場面だったらこんなことをいうんじゃないかなと、想像力をたくましくする必要がある。その際、登場人物たちが受講者と近い年齢であれば、いろいろと考えやすいし、訳を考えるときにも有利である。ときにはわたしだったら絶対に思いつかないような日本語が飛び出し、心の底から感心してしまうこともあった。

授業はわたしの研究室でおこなわれた。授業が終わった後で、コーヒーを飲みながらおしゃべりすることもしばしば。

「わたしはイオみたいな女の子には耐えられない」

「そうかな？　けっこういい子だと思うけど」

などと、作品についての感想を話すときもある。これは教師にとって嬉しい。そうなれば授業は成功だ。これこそ「文学する」というものである。そして、「続きはどうなるんだろう？」と来週の授業が楽しみになってくれれば、いうことはない。

物語なんて所詮はフィクション、そんなものは何の役にも立たない。そうだろうか？　だったら人はどうしてテレビドラマの続きが気になり、ファミコンに熱中するのだろう？　そういう気持ちに文系も理系もないはずだ。

　こうしてわたしたちはこの物語を最後まで講読し、全文を訳して、コピー製本をし、私家版の翻訳ができあがった。この翻訳は、のちにわたしの研究室に出入りする学生たちに読み継がれることになる。そしてここにわたしの水曜日の授業の基礎が固まるのである。

　わたしはこの作品を読みながら、理系の学生たちのことを少しだけ理解できるようになった気がした。

あばたもエクボ

水曜日のロシア語上級の授業は、二年目になって人数が増えた。新たに三年生となった学生が二名、参加するようになったのである。嬉しいことだ。前年から受講していた大学院生のコンピュータ博士君とバイオ君に加え、物理学専攻の女性モリスと有機化学専攻の男性が仲間に加わった。

この有機化学専攻の学生は、たいへんにユニークな男だった。まず非常に真面目な態度。講読の場合、全部を予習してくることは難しいので、ロシア語テキストの切れのいいところで分け、各自で分担して訳してくるのがふつうである。ところが彼は、自分の担当分はもちろん、予定している範囲はすべて辞書を引いて、訳を考えてくるのである。

しかし堅いばかりではない。彼は広島出身だが、関西のお笑いにとても詳しい。その他にも時刻表とか、ナツメロとか、古いテレビ番組にもめっぽう強い。ときどき、わたしよりも年上ではないかと思われるほど落ち着いている。

その上、彼は人を引きつける魅力的なところもある。のちに学生たちは彼のことを親しみと尊敬を込めて「教祖」と呼ぶようになった（本人は「若大将」と呼ばれたいらしいが、これはほとんど支持されなかった）。これからも彼のことをこの名前で紹介していくが、カルト宗教団体とは関係ないことを示すため、ここではカタカナで「キョーソ」と表記することにする。

こんな四人で始めた講読は、ミハイル・ゾシチェンコの「金言」であった。その内容は、主人公である少年がよその大人のいるまえで余計なことをいって怒られ、口を挟んではいけないといわれたため、大事な場面まで黙っていて、やっぱり叱られるというもので、著者が幼少時代の思い出として書いている短編である。こんどの作品はラスプーチンの「ルドリフィオ」に比べ、主人公の年齢がさらに低いので、みんな自分の子供時代を思い出しながら、セリフのところを工夫して訳すように努力していった。

はじめのうち、講読に慣れていない三年生の二人は戸惑っていた。しかしすぐにコツをつかみ、大学院生たちとくらべて少しの遜色もなく翻訳できるようになっていった。長足の進歩である。

ここにキョーソから借りてきた当時のノートがあるが、そこにはロシア語の本文がすべて筆記体で書き写され、その下に自分の考えた訳が添えられている。さらに授業中に指摘された間違いやコメントなどは赤ボールペンで書き加えてある。ゾシチェンコの短編は四月より始めて夏休み前には余裕をもって読了できたのだが、これほど順調にできたのも、誰かの訳が間に合わないときには、

「では、わたしがやりましょう」

といって訳読してくれたキョーソのおかげである。

夏休みが終わり、秋になっても授業は同じメンバーで続いていった。わたしの勤めるところのようなセメスター制度の大学では、前期に学生が集まっても、後期になったらすっかり減ってしまうこと

も珍しくないので、みんなが続けてくれたことは教師にとってなにより嬉しい。

十月になって新たな教材を選ぶことになった。わたしは、前期とは少し違うものにしようと、いわゆる中級向け読み物を速読することにした。内容も文学作品ではなく、語学学習用に作られた当たり障りのないもので、これだったらあまり辞書を引かなくてもスイスイ読めるだろうと考えたのである。

この新しい教材は、前期に比べてずっとスピーディに進むことができた。辞書を引く手間もだいぶ省けたことだろう。学生にもそのほうが楽でいいんじゃないか。わたしはキョーソに尋ねてみた。

「どう、こんどの教材は楽でしょう?」

「ええ、そうですね」

彼はこういって、さらに付け加えた。

「でも、こんなものを読んでも、なんも残りませんね」

わたしはハッとした。学生たちは辞書を引く手間が省けたからといって、喜んではいないのだ。

「前にゾシチェンコを読んでいたときは、それは難しかったですが、でも喜びがありました。物語の先が知りたいなと思って講読していました。そして文学作品を読み上げたということで最後には満足感もありました。こんどのは確かに簡単です。しかしとくに内容もないし、はっきりいって面白くないです」

そうなのだ。彼らは本当に文学作品を楽しみながら講読してくれていたのだ。それを単語が易しいからという理由だけで、単なる語学教材に替えてしまったのは大失敗だ。もしかして無意識のうちに理系学生をバカにしていたのではあるまいか? わたしは深く反省した。

その語学教材はすぐに打ち切ることにした。わたしは新しい文学作品を選び、次回からはユーリイ・ナギービンの『清らかな池』より「ジェーニャ・ルミャンツェヴァ」の講読を始めることに決めた。

この作品は主人公が高校生活最後の日、ふだんはあまり付き合いのなかったジェーニャというクラスメートの女の子から「十年後に会いたい」と突然にいわれ、それをきっかけに堅物としてとおっていた彼女のことを改めて回想するという物語である。このジェーニャもだいぶ変わっている女性で、「ルドリフィオ」に続き、「黒田先生はエキセントリックな女が主人公の話が好きだ」と学生に揶揄された（本当にそうだなあと思う）。そしてこの物語も、受講生の誰もが楽しみながら、最後まで訳読していったのである。

こうして二年間の上級の授業を通して、わたしはひとつの確信に至った。必ず文学作品を講読すること。文法練習や会話表現のテキストを並行して使ってもよいが、講読は是非とも続けよう。それも現代の話で、学期中に読み切れて、主人公は若い人がいい。

三年目になると受講生はますます増えた。まず生物学専攻のミッキーが加わった。ミッキーは二年生からロシア人講師による会話の授業に参加している、とても積極的な学生だ。またこの理系大学でわたしにロシア語の文字から教わった、初めての教え子でもある。さらにチュウも受講することになり、狭い研究室は教師であるわたしを含めた計七名でいっぱいとなった。そしてとても活気にあふれていた。

講読は真面目におこなわれた。もちろん受講生同士も仲良くなり、わたしたちは一緒に飲みに行ったり、遠足に出かけたりと、楽しく遊んだ。しかし授業だけはみんな真剣そのものだった。理系の学生は忙しくて、なかなか予習の時間も取れないようだったが、それでも家で予習できなかった者は昼休みから早々とわたしの研究室を訪れ、少なくとも自分の担当分だけは辞書を引いていった。そして小説は毎回、必ず一定のペースを持って進んでいった。

このときに講読したのはユーリイ・コヴァーリの「ジャガイモ番の犬」という短編だった。コヴァーリはソヴィエト文学史上あまり有名な作家ではなく、この作品ももちろん知られていない。しかし中級向けのロシア文学アンソロジーに掲載されていて、テキストにはアクセントが打ってあり、長さも半年で読むのにちょうどよかったので、これを選んだのである。文学的に見てこれがどのような評価を受けているのかはまったく知らないが、少なくとも学生たちはとても喜んで講読した。題もコンピュータ博士が「ジャガイヌ」という名訳をつけてくれた。

キョーソは初心を崩さず、相変わらずテキストのすべてを書き写しては、慎重に訳をつけていった。四年生になった彼はさぞ忙しかったことと思う。一年以上経つと彼の日本語はますますうまくなっていった。

しかし、人間誰でも失敗をするものである。

その日の講読はみんな調子がおかしかった。べつに予習不足というわけではない。ただ、みんな話の流れがつかめなくなって、つじつまの合わない訳をしてしまう学生が続出した。長い間、訳読を続けていればそういう日もある。

そして誤訳は伝染する。

まず、チュウがまったく意味不明な訳をした。本人も

「うわ、ヤッベー、ぜんぜん違ってるよ」

とショック。次にミッキー。もともとは
「アキーム・イリッチ（主人公）は板を作業台の上に置き、ちょうなで削り始めました。その仕事ぶりは滑らかかつ美しいもので、板の上を滑るちょうなは、上向きのカーブを描くような形の船先をした大型船に見えました」

と訳すべきところを、

「その仕事ぶりは滑らかかつ美しいもので、削れた肉と骨であたり一面いっぱいになりました」

という、とんでもない血だらけのスプラッターな場面になってしまったのである！　これはその前に主人公の犬が近所のニワトリを獲って怒られる話があったからなのだが、ミッキーは削られるものがニワトリの死骸だと思い込み、とんだ勘違いをしてしまったのである（これは彼が生物学を専攻しているることとはまったく関係ないらしい。本人も「ぼくはもっと小さな分子レベルの研究をしているので、解剖なんてやってない」とはいうのだが……）。

さてこんどはキョーソの順番。みんなは彼に期待する。主人公アキーム・イリッチは一仕事終えて、昼食をとり、ヤカンを火にかけると歌を口ずさみだした。以下にキョーソのノートに基づいて、彼の作ったこの歌の訳を正確に紹介する。

「風にゆらゆらゆれる
君の素敵なあばた……」

一同シーンとなった。いつもしっかり予習をしてくる、勉強家のキョーソである。しかし、これはつかりは……。

ついにモリスが

「……ねえ、なんか違うんじゃない？」

このあと爆笑は五分間続いた。みんな涙を流して笑った。確かにこの歌は小説の筋とは関係ないので、何が出てきてもおかしくはない。それでもこれは誤訳じゃないか、というところは誰もが感じ取れるというのも、不思議なものである。素敵なあばた、なんじゃそりゃ？

種明かしをすれば、これは有名なロシア民謡「細いナナカマド」の冒頭部分である。

「どうして揺れながら立っているの
細いナナカマドよ……」

となるのが正解。

しかし真面目なキョーソが間違えるからには、なにか理由があるはずだ。

このナナカマドはロシア語でリャビーナ（рябина）という。キョーソが使っている『博友社ロシア語辞典』（博友社、一九七五年）を見ても、「ななかまど：ななかまどの実」とある。しかしこの語は多義語であり、その下には同じ綴りのリャビーナという別の語があって、「《口語》あばた：小さなくぼみ・はん点」とある！　わたしはこんな単語ちっとも知らなかった。

「いや、『立つ』とか『揺れる』っていう動詞があるので、植物じゃなくて、きっと人だろうと思いまして……。で、リャビーナは女性名詞だから、きっと女性を指すのであろうと」

彼の考えは、非常に論理的である。この訳を考えるまでにずいぶん時間がかかったそうだ。メタファーとしてもナナカマドはもちろん女性のイメージである。しかし、残念ながら誤訳なのだ。この場合はそういう有名な歌があることを知らなければ、どうしたって正解にたどり着くのはとても難しい。

「辞書を丹念に引いていけば、真実に至るってものでもないんですね」

確かに外国語学習にはそういう面もあるかもしれない。しかしそれはキョーソやみんなのロシア語力が相当なレベルにまで達したということでもあるのだ。誤訳には違いないが、それでもわたしはキョーソの努力を褒め称えたいと思う。ときどき失敗することはあっても、まずは丹念に辞書を引くことは、講読においては基本なのだから。

また、授業中はお互いの誤訳を大声で笑い飛ばせる雰囲気も大切だと思う。みんな間違えて当然なのだ。気にすることはない。しかしこれほどの誤訳となると、口の悪い研究室の学生たちの間では「キョーソの『あばた』」といって伝説となっている。

しかしこんなムードが楽しそうで、この「あばた」の話を聞きつけた後輩たちが、次の年はこのロシア語上級を受講しようと決めるのである。

奇想天外な誤訳との出会いも、教師にとっては密かな楽しみなのだ。

句会風「翻訳の宴」

あるとき人に薦められて、小林恭二『実用青春俳句講座』（福武書店、一九八八年）を読んだ。この作家の作品はそれまでにも『電話男』などいくつかに親しんでいたものの、俳句のほうはまったく関心がなかったので手にしていなかった。しかし読み始めてみれば思いのほか面白く、すっかり引きつけられてしまった。

俳句や句会などというものは、よっぽど特殊な風流人でもないかぎり縁もゆかりもないように思う。この本のまえがきにも、

今の若い人たちの多くは（もっとも僕もまた「今の若い人」のひとりなのですが）俳句を見知らぬ外国語のように感じているのではないでしょうか。それはまったく当然なことだと思います。なんとなれば俳句には「季語」とか「切れ字」とかいう厄介なものがありますし、俳句に盛られる風趣もさまざまで、若い人にはちょっとわかりかねる句も少なくないからです。（前掲書、

一ページ）

とあり、当時は大学院生だったわたしは紛れもなく何も分かっていない「若い人」だったのである。そういう「若い人」に俳句の魅力をあますところなく伝えているのが本書であり、興味のある方には、いや興味のない方にこそ薦めたい一冊である。

さてこの本の中に、句会に関する記述がある。

句会とは俳人たちが集まって俳句を見せあう会のことですが、これほどいろいろな種類のあるものはありません。実際の話、句会の性質はそのまま俳句の性質を反映します。ここではとりあえずいちばんオーソドックスなかたちの句会について記すことにします。

句会をはじめるにあたって、とにもかくにも必要なものは何か？

それは俳句です。

俳句がなければどうしようもありません。普通は前もって俳句を作って、それを持って句会にのぞみます。

俳句がないにもかかわらず句会を開きたいときにはどうするか。その場で俳句を作ります。

（前掲書、一八～一九ページ）

この「その場で俳句を作ります」というのに、たいへん興味を持った。

さて俳句が揃ったらいよいよ句会です。

まず、俳句を一句一句短冊という細長い紙切れに書きうつし、それをバラバラに回収します。つまり、どの句が誰の句かわからないようにするのです。ですからこのとき自分の名前を書いてはいけません。できれば筆跡もごく特徴のないものにした方がよろしい。

この短冊を出席者それぞれ四五枚ずつ配り、それをそれぞれ一枚の紙に清記します。こうすることでどの句が誰の句であるか分からないようにするのです。

ここではっきり言っておきますが、句会をおこなう上でもっとも重要なポイントは俳句を匿名状態にすることなのです。

句会に提出された俳句は、句会が終わるまでは作者のものではなくなり、句会に出席している人すべてのものになるのです。

（前掲書、一九〜二〇ページ）

なるほど、匿名が大切なのか。そういえば人はできあがった作品よりもその作者の名前で評価してしまうことがしばしばある。本当の意味での出来不出来は、むしろ匿名のほうが正しく判断できるだろう。

さて、これを外国語の授業で取り入れられないものか？

ロシア語上級は四年目になり、人数は相変わらず六、七名が参加していた。忙しくなってしまった学生が消えた分、また新しい学生や院生が入ってきた。

このときも例の方針は変えず、必ず文学作品の訳読をおこない、アレクサンドル・グリーンやユーリイ・カザコフなどをみんなで読んだ。教師としても毎回きちんと予習しなければならなかった。受講生にとってはなおさらである。でもとても楽しかった。

ただし文学作品ばかりを読んでいたのではない。授業時間は九〇分。これをすべて文学講読に当てたのでは、いくら参加人数が多いとはいえ、一人当たりの負担も大きく、進み具合が速すぎてみんな息切れしてしまう。

そこで家で予習してもらう訳読の他に、その場でいろいろなロシア語を辞書片手に読む、というコーナーを三〇分ほど設けた。「その場で」というところは句会からヒントを得た。

ロシア語の文体は文学以外にもいろいろとあるのだが、授業ではどうしても決まりきった文体ばかりに接することになる。そこでわたしは手に入る限りなるべくいろいろなロシア語資料を選び、みんなにはその場で辞書を引いて読みこなす訓練をしてもらった。

このときはくだらないものも含めて、本当にいろいろなロシア語を読んだ。

- ロシア人の名刺（肩書きの訳が難しい）
- わたし宛ての個人的な手紙（手書きは読みにくい）
- ロシアの査証すなわちヴィザ
- 両替のときにもらった領収書
- モスクワのマクドナルドのパンフ
- 十八世紀の算術の問題（これは理系学生にたいへんウケた）

予習のいらない分、みんなその場で慌てて考え、辞書を引く。これに合わせて、困ったときにはどういう辞書を引いたらよいかも指導する。受講生は辞書の使い方ばかりでなく、選び方もうまくなっていった。文学作品を講読しているときも、大型の露和辞典に載っていないときにはどうしたらよいか、少しずつ分かってきたようで、わたしの研究室にあるさまざまな辞典・事典をそれぞれ勝手に引いている。このようにいつでもリファレンスできるところが、研究室で授業をおこなう場合の利点といえるだろう。

さて、夏休み前まではこのような調子で授業をおこなっていたのだが、この「その場で翻訳」もだんだんとネタが尽きてきた。秋になって、こんどはどうしようかなあというときになって、あの句会の話を思い出したのである。題して「露文和訳の宴」、句会みたいにちょっと和風にしてみた。

まず一二行ほどのロシア語の文章を全員に配る。

「なんですか、これは?」

「きょうは『露文和訳の宴』と題して、みなさんに翻訳を競ってもらいます。いま配布したプリントのロシア語をこの場で辞書を引いて訳を考え、紙に書いて提出してください。でも注意してくださいね。ただ意味が分かればいいというものではありません。まとまった文章ですから前後とのつじつまが合うかどうかも大切ですし、文体もまとまっていなければなりません。そうそう、提出するときには名前を書かないでください」

みんなはいまいち状況がつかめないながらも、ロシア語の文章を読み、辞書を引き始めた。なるべく易しい文を選んだつもりだが、なかなか難しいらしい。三〇分以上かかってなんとか全員が提出できた。その日はこれまでとし、続きは来週ということにした。

しかし教師はこれからたいへんなのだ。まずみんなから回収した答案用紙をワープロに打ち直す。これは筆跡から誰が書いたものか分からないようにするためである。句会と同じく、匿名というのが肝心なのだ。上級生の訳ばかりがうまいとは限らない。わたしにしても受講生の訳を客観的に判断したい。しかしみんなのクセのある字を見ればすぐに誰が書いたものだか分かってしまうので（これでも文献学者の端くれ、そんなこと朝飯前なのである）、教務補佐員の大学院生に手伝ってもらって打ち込みをした。

さて翌週はみんなの訳のチェックとなる。ワープロで書かれた六つの試訳が一枚の紙に並ぶ。

第一回目の「露文和訳の宴」より、実際の試訳を紹介しよう（露文は省略）。

①授業は9月11日に始まった。彼は11時半きっかりにすでに大学にいた。入口の掲示板には、講義の時間割り表が掛かっていた。彼は一番最初に来た。そしてすぐに、聴く予定のある講義の曜日と時間を手帳に書き加え、事務局に立ち寄った。彼はそこにいた事務員にいつ講義がはじまるのかを尋ねた。その人は、今日はじまるはずだと答えた。

②授業は9月11日にはじまりました。10時半ちょうどに彼はすでに大学にいました。入り口のそばの掲示板に時間割表がはってありました。彼は〝1年次〟のところに行き、すぐに手帳に、さしあたりすぐ聞かなくてはいけない講義の日時を書きうつしました。そして彼は事務室に向かいました。彼は事務室にいた職員に「講義はいつはじまるのか」とたずねました。職員は「今日はじまってしかるべきじゃ」と答えました。

③学校は9月11日に始まった。丁度11時半には、彼はもう大学にいた。入口の所の掲示板には講義日程が貼ってあった。彼は先ずそこへ行き、出る予定の講義の日程を速攻で手帳にメモって、それから事務所に寄った。彼は近くに居た事務員に、いつ講義は始まるのかを訊くと、今日の筈だと返って

きた。

④新学期シーズンの9月11日のことです。午前11時半に、もう大学に来ている人がいました。（教室の）出入口付近にある掲示板には今学期の講義表が貼り出してあったので、その人はまずそこに行き、自分の履修しようと思っていた授業科目の曜日と教室番号をすぐに手帳に書き写し、それから教務課に立ち寄りました。そして事務員に、〝講義の開始はいつですか？〟と尋ねると、何と〝今日からですよ〟という答えが返ってきたのです。

⑤9月11日の授業が始まった。10：30ちょうど。彼は既に大学に来ていた。入口近くのけいじ板には時間割がはり出されていた。一番にやってきた彼は聴講する予定の部分を一気に手帳に書きうつすと、事務室へむかった。そこに居合わせた職員に講義がいつはじまるかをきいた。曰く、今日からだということだった。

⑥授業は11月9日に始まる。11時半には彼は大学に着いていた。入口のそばのけいじばんには時間わりがかかっていた。彼は一番はじめに入って、すぐに取る予定の授ぎょうの日にちとじかんを手帳に書き写して、その帰りじむしつによった。そこで事務員をみつけていつじゅぎょうがはじまるか、きいた。今日、はじまります。

まったく、よくもこれだけバラエティーにあふれた訳がそろったものである。文献学的に正しい校訂テキストを作成するため、仮名遣いなどはそのままにしてある。

みんなはじっと試訳を読む。ワープロで書き写してあるため、筆跡から誰の訳かを判断することはできないようになっているのだが、ひらがなのやたら多い⑥の訳は、明らかにあの面倒くさがり屋の彼の訳だとみんなに分かる。

ここから講評ならぬ文法説明に入る。文体以外にもこれらの試訳はいろいろとずれがある。まず文頭にある日にちはもちろん「9月11日」が正解で、⑥の「11月9日」は単にそそっかしさの現われである。しかし次の時間に関しては少数派の「10時半」とした②と⑤が正解。ロシア語の時刻を示す表題では、順序数詞を使ったときには注意をする必要がある。つまり「第一番目の時間」とは十二時から一時まで、すなわち「十二時台」を表す。本文にあるのは「第十一番目の時間」の半ばなので、十時半のことなのである。これらはかなり難しい項目で、正しく時刻を書くことができた二人は実力がある。

語彙の選び方もそれぞれ癖があって面白い。単に「事務室」という意味を示すに過ぎない名詞も①は「事務局」、③は「事務所」、④は「教務課」とさまざまだ。このレベルになるとどれか一つが正しいというものではなく、全体として文体が統一されていれば、いろいろな訳が可能であることを指摘する。将来、翻訳機械を開発するかもしれない未来のエンジニアたちに、訳語は一種類ではないことを認識してもらおうというねらいである。

こうして説明が一通り終わる。次はいよいよ投票、句会だったら「選句」にあたるものをおこなう。誰の訳が最もよかったか、それぞれ番号を書いて箱に入れる。立派な投票用紙や投票箱などもちろんないので、そこらへんのメモ用紙に書いて、大型辞書の箱にみんな票を投じる。

結果は⑤が圧勝だった。いったい誰が書いたんだろうと思えば、ここ数年ずっと参加しているコンピューター博士の訳。さすが博士だと、後輩たちは改めて彼を尊敬した。しかし何回かこれを繰り返すうちに、この「ロシア語上級」にとってまったくの「新人」もみんなから選ばれるようになっていく。これが作者匿名状態での投票の平等で、しかも面白いところだ。
さて、この「露文和訳の宴」は、まだこれで終わりではない。いったいこの文章はなんなのか？実はこれはある有名な日本文学のロシア語訳より一部を引っ張ってきたものなのである。

学年は九月十一日に始まった。三四郎は正直に午前十時半頃学校へ行って見たが、玄関前の掲示場に講義の時間割があるばかりで学生は一人もいない。自分の聴くべき分だけを手帳に書き留めて、それから事務室へ寄ったら、さすがに事務員だけは出ていた。講義はいつから始まりますかと聞くと、九月十一日から始まるといっている。

夏目漱石『三四郎』（岩波文庫、一九九六年、三七ページ）

みんなからため息が漏れる。これがこの授業の最後の「仕掛け」だった。こうしてこの「翻訳ミステリー」はすべて解決を見たのである。改めて自分の作った訳と比べてみると、意外にも漱石と同じような語彙を使っていたりしてなかなか興味深い。ある日本語の文章を外国語に訳して、それを再び日本語にしてみると、思わぬ結果を生んでいることが実感できた（このロシア語訳にしても、けっこういい換えをしていることが分かる）。
こうしてこの年の秋は、いつもの文学作品講読に加えて、「翻訳の宴」という風流な外国語学習をみんなで楽しみ、「翻訳とは何か？」というテーマを自分たちなりに考える機会を得たのであった。

テストは自分で作りなさい！

楽しい授業も終わりに近づき、学期末の試験期間が迫ってくる。

学生はテストが嫌いである。わたしもそうだった。ときどき「試験大好き」な人がいて、頼まれもしないのに趣味で資格試験に挑戦するなんていう話を聞くが、怠け者のわたしには信じがたいことで、そういう人とはお友だちになれないと思う。

でも教師となれば、話は別である。試験が好きなのではない。やらなければならないのだ。大学では成績をつける必要がある。学生を公平に評価するためには、どうしても試験をしなければならない。そうでないと「ああ、あの学生はカワイイからいい点をあげよう。アイツは生意気だから落としてやろう」などとエコヒイキする可能性が出てくる。こちらにしても人間なので、気をつけねばならない。

わたしの大学では、ロシア語初級や中級は選択必修科目なので、成績は本人の学科進級に当たって大きく影響を及ぼす。

「みなさん、そろそろ学期末ですが、試験はどうしますか？」

一応、学生に尋ねてみる。

「えーっ、やめましょうよ」

「やめるって、どうやって成績をつけたらいいのさ?」

「出席回数」

「冗談じゃない。授業に来ているだけじゃダメです。語学は身についてナンボのものですからね。それに君たち、けっこう欠席も多いよ」

「じゃあ平常点」

平常点とはとくに試験をおこなわず、ふだんの学習態度などから判断して成績を出すことを指す。

「平常点ねえ。でも、君たち常日頃からそんなにロシア語勉強していないし、それで点数をつけたらクラスの三分の二は落ちるけど、それでもいい?」

みんな下を向く。

「じゃあ、どうしましょう?」

「テストをお願いします」

こちらの思うつぼである。

「では、テストはどういう形式にしましょうか?」

「どんなのがあるのですか?」

「口頭試験と筆記試験があります。口頭試験というのは面接形式で、一人ひとりがわたしとロシア語で五分ぐらい会話をします」

「……筆記試験でお願いします」

「よろしい。では筆記試験にしますが、辞書の持ち込みはどうしましょうか？」

「辞書持ち込み可がいい！」

「その場合はトルストイかドストエフスキーの小説の一部でも訳してもらいます。辞書なしで頑張るのならば、教科書の範囲にします」

「……辞書なしでいいですから、教科書の範囲でお願いします」

このようにして、わたしのカワイイ学生たちは自ら試験を望むので、わたしとしても一生懸命に問題を作成しなければいけないのである。


実際、教師にとっても試験はたいへんなのである。まず試験問題を作るのも楽ではない。学期中に学習した文法事項をまんべんなく出題しなければならない。また難しい問題や易しい問題を適当に混ぜなければ、外国語の苦手な学生はまったく点がとれない。さらにどのくらいの応用力があるかを見るために、ちょっとだけ難しい問題も含める。その上、全クラスで違った問題を作成する。大学で教えるようになってから七年になるが、わたしは毎回新しい期末試験問題を作っており、過去に出題したものを再び使うことはない。

さらに採点。カッコ内に正しい前置詞を入れよ、なんていう問題ならば採点は楽だ。しかし露文和訳や和文露訳の場合、部分的に間違っている解答にどのように点をつけるか、一問ごとに考えなければならない。同じような間違いをした答案用紙を集め、それらを比べながら慎重に点をつけていく。そんなに気楽なものでもない。さらにどうしようもない点数の答案に、どこかいいところはないかとじっと睨むこともしばしばなのである。

水曜日のロシア語上級は、必修科目でもなく人数も少ないので、顔を思い浮かべただけでも成績はつけられる。しかし四年目の「露文和訳の宴」の頃に、一度だけレポートを課したことがある。十二月の最後の授業で

「今回は授業の最後にレポートを提出してもらいたいと思います」

「えーっ、なんでいまさら？」

「たまには冬休みにロシア語を勉強するのもいいでしょう。課題は二つのうちからひとつを選んでください。ロシア語中級以上のレベルの文法問題を解く。あるいは試験問題を自分で作る」

「なんですか、その自分で作る試験問題って？」

「みんなは試験がいやだいやだっていっているけど、教師のほうだってけっこうタイヘンなんだよ。だからそのたいへんさを体験してもらおうというわけです。この試験問題の作成を選んだ人には、かつて自分が勉強した初級の教科書よりひとつの課を指定します。そしてその範囲内で百点満点となるような試験を作ってください」

こうして受講生には選択させたのであるが、この「試験問題作成」を選んだ学生・院生が三人いた。真面目な新人大学院生のイッチー君、優秀なコンピューター博士、それにお調子者のヂュンであった。それぞれがかつて使用した教科書（学年が違うので皆バラバラであった）より適当な部分をコピーして、これで作っていらっしゃいといった。三人は一年生のときに勉強した教科書と久しぶりに出会いながら、それぞれすでに何かを考えているようだった。

冬休みが終わり、レポートの提出となった。試験問題作成を選んだ三人も各人各様にテストを作ってきた。これがいまでも手元にあるのだが、なかなか面白い。それぞれ部分的に紹介しよう（ロシア語部分は省略）。

①イッチー君の作ったテスト（文法事項――再帰動詞、前置格、不規則動詞「住む」「立っている」の現在活用）

彼は最もオーソドックスに作ってきた。バランスもよい。教師の苦労も分かってくれたことだろう。

ロシア語に訳せ（各5点、計35点）

（1）（a）あなたはどこに住んでいますか？

（b）私はモスクワに住んでいます。

（2）（a）あなたは今、何を書いていますか？

（b）私は手紙を書いています。

（3）彼は日本語を話せます。

（4）私はロシア語を勉強したいです。

（5）彼らは今日、家で休んでいます。

「なんだ、ふつうでつまらないじゃないか」とお考えだろうか？　とんでもない、学習した項目の理解度を測るためにはよい問題で、そのまま実用になる。

②コンピューター博士の作ったテスト（文法事項――過去形）

きちんと作ってあるのだが、彼独特のユーモアが随所に見られて楽しい。たとえば、ロシア語の過去形では主語の性にしたがって活用語尾が決まるので、人によって答え方が違ってくる。そこで博士の作ったテストには、最初に学籍番号と氏名を書く欄があり、そのあとに

性↑（男性、女性、中性）から一つを選択

※解答が指示されない性に依存する場合は上で選択した性に従って下さい。

とある。

その他にも、「次のロシア語の単語は日本語に、日本語の単語はロシア語にそれぞれ訳してください」というところにも、彼にかかれば

ロシア語↕日本語辞書と化してください

となり、「次の会話文で日本語のところをロシア語に、ロシア語のところは日本語に訳してください」は

あなたとロシア人を仲介する通訳機と化してください

となる。一部で、「博士は実は人間でなく高性能ロボットで、おやつに電池をつまんでいる」という噂があるが、この試験問題を見たときに、それが信じられる気がした。

③ヂュンの作ったテスト（文法事項――形容詞、未来形、曜日の表現）

これは凄い。前にも書いたように、ヂュンは人にウケることだけを目指して人生を歩んでいるような宇宙人だ。その彼が総力を結集して作った試験問題は抱腹絶倒、前代未聞である。

問題用紙の初めには

※Aコース（普通の人用、100点満点）かBコース（とにかく単位が欲しい人用、80点満点）を選択すること

とある。どちらを選ぶかによって配点が異なるようになっている。いかにもゲームの好きなヂュンらしい。

（ ）内に形容詞を正しい形にして入れなさい。〔註――以下に日本語部分だけを示すが、本当は（ ）を含んだロシア語文も並んでいる。〕

（1）赤えんぴつを持っています。

（2）この木、何の木、気になる木。

（3）大切な時計をなくしてしまった。
（4）黒ビールが飲みたい。
（5）やっぱり若い男のコがいいわよね。
（6）彼は随分いい眼鏡を持っている。
（7）白い歯っていいな。
（8）この本は面白いけど、えらく難しいね。

とくに（2）と（7）にはのけぞった。

ロシア語に訳しなさい。（註――部分訳で、すべてを訳す必要はないようになっている。）
（1）月曜日に市場に行って、糸と麻を買ってくる予定です。
（2）もしかしたらこの肉新しくないかも。いつ買ったんだっけ？
（3）ロシア語の試験って何曜日にあるんだっけ？
（4）私は土日に電話をかけます。安いから。
（5）もし明日晴れたら、野球をやります。
（6）図書館に行かなきゃ。木曜は休みだからね。
（7）毎週水曜日に私たちは一緒にウォッカを飲みます。

もう何もいうことはない。（7）は当時の研究室の現実が反映されている。

しかしこれは難しいテストだ。ギュン本人も最後に「一寸難易度高すぎたかも知れませんね……」と付け加えてある。

つまり試験問題作成にあたっては、面白いものを作ると難しく、易しいものを作ると味気なくなってしまうという矛盾を常に抱えているのである。これはイッチーとギュンの例からも明らかだ。

とにかく、学生たちは試験問題を作ることのたいへんさを、少しは実感してくれたのではないかと思う。こちらにしても、おかげさまでいろいろと参考になりました。このレポートはわたしにとって一生の宝物である。

文系はこうやって外国語を楽しむ（イタリア語編）

須賀敦子『ミラノ　霧の風景』（白水社、一九九〇年）を読んだときには本当に感動した。それまでのイタリア紹介は（いまでもそうだけど）表面的な明るさのみが強調されて軽薄さばかりが目立っていたが、ここでは重たいまでのヨーロッパ伝統の上にそびえるイタリア文化の厚みが伝わってきた。スパゲッティとゴンドラだけがイタリアでない。こういう国の言語を学んでみたいなあと思った。今日のようなイタリアブームが起きる少し前、一九九二年のことである。

こういう憧れはそのままで終わることが多いのだが、偶然にも本当にイタリア語を勉強するチャンスが訪れた。

当時のわたしは大学院生だったが、昔からとてもお世話になっているスラヴ語研究者である女性の先輩が、イタリア人のところでイタリア語を勉強しようと誘ってくれた。彼女もやっぱり須賀敦子さんの本を読んで、にわかにイタリア語が勉強したくなったのだという。誰か教えてくれる人はいないものかと探していたら、さるロシア語教師の奥さんがイタリア人で、彼女がレッスンをしてもよいと申し出てくれた。こういうチャンスを逃してはいけない。もう一人、同じように須賀さんの本に影響された英語教師も加わり、三人でイタリア語の勉強を始めることにしたのである。

この三人（先輩のY、英語教師のK、それにわたし）は全員が外国語の教師である（わたしもその頃からすでにあちこちでロシア語を教えていた）。それぞれ外国語教育については考えるところがある。そのプロたちが自ら学習に挑んだ場合、いったいどういうことになるのか。今回は文系的外国語学習法を紹介する。

イタリア語のレッスンは夏休みに入ってから始めることにした。時間のあるときに集中して学習したいので、教師たちにとって授業のないこの時期を選んだのである。第一回目は先生のお宅へ伺った。横浜市の私鉄沿線にあるそのお宅は、駅からさほど離れてはいなかったのだが、ちょっと坂を上らねばならず、梅雨明けの炎天下に見知らぬ家を探すのは辛かった。

やっと家を探し当てると、ロシア語教師のご主人とともにイタリア人のヴィオレッタ先生自らが出迎えてくれた。

「はじめまして。いやー、暑いですね」

「本当に。こういうのはイタリア語でウーミド（umido）というのよ」

ウーミドとは単なる暑さではなく、日本の夏特有の蒸し暑さを示す単語らしい。ヨーロッパ人には辛いだろう。思わぬ語からイタリア語が始まった。

客間に案内されて、冷たいお茶で喉の渇きを癒し、一息ついたところでさっそく授業が始まる。

「まず、みなさんの知っているイタリア語の単語を紙に書き出してみましょう」

「えっー、あの、わたしたちはイタリア語はきょうが初めてでして……」

「大丈夫。イタリア語は知らなくても、イタリア語の単語だったら何か知っているでしょう？ 英語や日本語に入っているものもたくさんあるし。なんでもいいですからとにかく書いてくださいね」

ヴィオレッタ先生の上手な日本語に乗せられて、そんなものかなと三人とも紙に向かっていろいろと書き出してみた。

「pizza, spagetti, Roma, Firenze, Dante, Pinoccio……（スペルの怪しいものも含む）」

なんだか食べ物の名前と固有名詞しか思い浮かばない。

しばらくするとヴィオレッタ先生はみんなの書いた単語を見てくれる。

「そうですね。よく書けています。でもspagettiではなくてspaghettiと書くんですね。イタリア語ではgのあとにeがくると『ジェ』の音を示しますから、『ゲ』の音だったらgheと書きます。それから『ピノキオ』の場合でもciは『チ』ですから、『キ』の音はchiとなります。だからPinocchioが正しい」

うーむ、なるほど。これはいい。いままで知っている知識（っていうほどのものでもないが）をもとに、少しずつ改良を加えながらイタリア語の文字と発音の関係を教えていくのか。これだと退屈しないし、綴りもいつの間にか覚えられる（でも、ロシア語じゃあ、こうはいかない）。

それから教科書に入った。ヴィオレッタ先生が指定した教科書はGruppo META編《*Uno—corso comunicativo di italiano per stranieri*》, Bonacci editoreであった。これはテキスト編の他に練習問題編があり、けっこう大型の教科書なので、本そのものは家に置いて、授業中には必要部分のコピーをとって使っていた。教科書は薄くて持ち運びが便利なものがいい。でもこの“Uno”は楽しい教材だった。

まず、いろいろな看板の写真がある。絵や記号からだいたい分かるものもあるが、いくつかはなんだか見当もつかない。

「ではこの看板の文字を順番に読んでみましょう。まずKさん」

「フェルマータ（fermata）」

「はい、いいですね。意味は分かりますか？」

「さあ」

「これは『バス停』という意味です」

「ははあ、するとこの文字の下にあるのは路線なんだな」

「そうですね。では次、Yさん」

「ポリツィーア・ディ・スタート（polizia di stato）、あっ。これって警察ですか？」

「そうです。国家警察です。スタートは『国家』という意味ですから」

こうやって、「塩とたばこ」「収入印紙」「救急病院」「スーパーマーケット」「国立労働銀行」などを読んでいく。のちにイタリアに行って分かったのだが、これらは街のどこでも見かける看板で、このような教材はとても実用的だった。

それから、授業中に必要な表現を学ぶ。

「これはどう発音するのですか？」

「〜はどう書きますか？」

「〜はどういう意味ですか？」

「〜はイタリア語でなんといいますか？」

ネイティヴの先生に習うときには、どれも大切な表現である。これだけあればいろいろなことが質問できる。ヴィオレッタ先生はテーブルの上にある飲み物を例にとって、

「麦茶はイタリア語でなんといいますか？」

「カプチーノはどう書きますか？」

などと練習をする。目の前にあるものを指しながらやるので、分かりやすいし、なんだか楽しい。

ここでKがいきなり質問。

「I love youはイタリア語でなんといいますか？」

そんなことを聞いて、いつ使おうというんだ！　まったくしょうのないオジサンである。

「ティ・アーモ（Ti amo）です」

なるほど。習ったことは何でもメモしてしまう。

その他にも簡単な挨拶や慣用表現を習う。三人とも習ったはじから使ってみたくてしょうがない。

「ビールはイタリア語でなんといいますか？」

「ワインはイタリア語でなんといいますか？」

もう止まらない。先生もびっくりするぐらい積極的に練習を繰り返す。まだろくに単語も知らないのに、それを勇敢にも組み合わせてみたりもする。

「あっ、それはまだ教えてないから使えません」

ヴィオレッタ先生がときどきあわてて止める。まったく、明るくも幼稚な三人である。でもせっか

くネイティヴの先生がいるんだからなるべく使いたい。先生の日本語が上手なことは十分知りながらも、この先、いえることはなるべくイタリア語でいおうと三人とも頑張ることにする。

こうして始まったイタリア語レッスンだったが、とにかく積極的で活気があった。授業中にみんなが黙り込むことはまずなく、なにかいいたくてたまらない。怪しい文章をこしらえては先生を驚かせることもしばしばだった。

何回かレッスンをすすめて、単語も少しずつ増えてきた。名前や職業、家族の紹介などができるようになってきた。

あるとき国と民族名を習った。「イタリア人」「日本人」「アメリカ人」「フランス人」などを覚え、出身地の表現も分かった。練習問題を少しやってから、

「では実際にやってみましょう」

とヴィオレッタ先生。まず先輩Yから。

「ではいきますよ。Yさん、あなたは日本人ですか？」

「いいえ」

先生はびっくりする。なんだ、Yさんもこんな簡単なことを間違えるのか、とわたしは思った。

「……もういちど聞きます。あなたは日本人ですか？」

「いいえ、わたしはイタリア人です」

なんと！　Yさんは確信犯だったのである。

「では、お名前はなんといいますか？」

「わたしの名前はパオラです」

彼女はすっかりその気になっている。なるほど。

こんどはわたしの順番。

「では、あなたは日本人ですか?」

わたしも日本人をやめることにする。

「いいえ」

「おやおや。ではあなたはイタリア人ですか?」

「そうです。わたしはイタリア人です。わたしの名前はマリオといいます」

とっさに浮かんだ名前は、当時流行っていたファミコンゲーム「スーパーマリオ」からとった。

先生はますます呆れ顔。こんどはKに
「じゃあ、あなたも日本人ではないんでしょうね」

「日本人ではありません」

「では、あなたもイタリア人ですか?」

「いいえ、わたしはイタリア人ではありません」

「あら、ではあなたはどこの国の人ですか?」

「わたしはフランス人です。名前はジャンといいます」

誰がフランス人だって? 断っておくがKは典型的な日本人顔をしており、世界中のどこの国の人が見ても、フランス人と勘違いすることは絶対にない。ずいぶんと強引な設定である。そういえば、Kも昔は仏文の学生だったときがあったたっけ。

先生はたいへん驚いていたが、そのうち慣れてきた。

「分かりました。ではそういうことにして話を進めましょう。ではYさん」

「パオラです」

「失礼、パオラ、あなたはどこの出身ですか？」

「わたしはパレルモの出身です」

「シチリア島の出身なんですね。ではお父さんは何の仕事をしていますか？」

「パパはシチリアにいますから、もちろんマフィアです」

真面目なイタリア人が聞いたら、怒りだしそうな偏見に満ちた設定であるが、先生は笑いだした。

「まあ、そうですか。危険なお仕事ですね。ではマリオ」

「はい」

「あなたはどこの出身ですか」

「わたしはフィレンツェの出身です。でもいまはミラノに住んでいます」

「そうですか。それでお父さんのお仕事は？」

「父は警察官です」

第一回目にやった「国家警察」の語が思い浮かんだのである。

「ああ、なるほど、だから転勤が多いのね」

「はい、そして、父はマフィアと戦っています」

語彙もないクセに複雑なことをいおうとしてしまう。こうして自称フランス人ジャンも自分がどうしてイタリアにいるか説明し、こんどはどうしてそういう三人が出会ったかという話を作り出そうとした。

「まったく、こんなに面白いクラスは初めてです」

先生は戸惑いながらも笑っていた。わたしたちも自分の少ない語彙を組み合わせて「面白い」ことがいえたのでとても満足だった。


語学教師をしている三人にとって、自分が教える授業を楽しくやりたいと思うのは当然である。ところが学生たちがいつでもこちらに合わせて、ノッテくれるとは限らない。下手をすればクラス全体がシラケて、こちらはとても辛い立場となる。わたしたちは三人とも「本当はこんなふうに授業がやれればいいのに」という思いを抱きながら、いつか自分が習うときには思いっきり積極的に、しかも思いっきり楽しみながら勉強がしたかったのである。だからそれが実現できて、とても嬉しかったのだ。


もう一つはフィクションの問題がある。

ことばを学習するとき、初期段階の会話練習ではどうしても個人情報を引き出すような質問が出てくる。

「兄弟は何人いますか?」

「お父さんの職業はなんですか?」

「あなたは結婚していますか?」

これはプライバシーの侵害ととらえれば、外国語の授業は成り立たない。だったらフィクションを導入すればいいのである。自分が創り出した人物になりきることで、会話は自由に進めることができる。その場限りでもいいが、これを続けていくとなかなか楽しい。このあともわたしたち三人はこの「外国人ごっこ」をしつこく続けて、次々と新しい設定を加え、先生はそのたびに大笑いしていたのである。

もっとも常に「イタリア人」でいたわけではない。架空の人物にばかり焦点を合わせると、いざ本当に自分のことを表現しようと思うときに語彙が足りなくなってしまう。当時の授業ノートを読み返してみると、「大学院生」「比較文学」「編集者」「助教授」など、自分たちに必要な単語を先生に尋ねていたことが分かる。

授業はこんな感じで続いていった。場所も先生のお宅ばかりではなく、ちょっとしたラウンジのようなところを借りて会話練習したこともあった。宿題も出た。家で練習問題を解いてきたり、作文を書いてくることもあった。基本的にはごくオーソドックスな授業なのだ。ただ生徒の三人がちょっと変わっていただけである。そしてヴィオレッタ先生もそんな「おふざけ三人組」を笑って許してくれる、心の広いイタリア人女性だったのである。

さて、その成果たるやどれほどのものだったのだろうか？　授業は一年間ほど続いたところで残念ながらみんな忙しくなってしまい、打ち切らざるをえなくなった。一年もかけて勉強したのに、文法はさほど進まず、二〇〇ページほどの教科書もやっと半分くらい、動詞も現在形と命令形ぐらいで、過去形にほとんど触れず、未来形までは到達できなかった。だから三人のイタリア語に「未来」はない。

しかし、限られた文法事項の中で動詞の活用を丁寧に学び、実用的な語彙を少しずつ増やしていったので、知識の総量は少ないが、その代わりその少ない知識はしっかりと身についた。いまでもイタリアに行ったときにわれながら驚くのだが、現地に行けばふと表現や語彙が蘇ってくることがある。旅行会話だったら少しだけ語彙を補えば、けっこうなんとかなってしまうのである。わたしの場合、ずいぶんと時間をかけたフランス語やドイツ語よりも、会話だけだったらイタリア語のほうがはるかに自然に口から出てくる気がする（これはわたしのフランス語力とドイツ語力が途方もなく低レベルであるということも示している）。

わたしはこれまでに、いろいろな外国語をいろいろな形態で学んできたが、このイタリア語学習体験は最も成功し、しかも楽しいものであったと思う。好奇心、勤勉さ、ウケねらい、さまざまな要素がうまく混ざりあっていた。

あれっ、これではチュウやアンドレイやヂュンと、全然変わらないではないか！

そうなのである。文系だから、理系だからといって、特別な勉強方法はないのである。大切なのは先生ばかりでなく、生徒もまた楽しい授業にしようという態度ではないだろうか？

第ii章

外国語幻想

外国語の教師をしていると、学習法についてアドヴァイスを求められることも多い。勉強のやり方は一人ひとり違うのだから、一概にはいえないんだけどなあと思いつつも話を聞いているうちに、不思議なことに気がついた。それは多くの人にとって「外国語学習とはこういうものだ」と信じていることがいくつかあり、それがわたしからみると何の根拠もない話なのである。

根拠がなくても、やる気を起こさせるものならまだいい。しかしそれがことごとく気が滅入るような話ばかりなのはどうしてだろう？　この章でわたしは、この「外国語幻想」とでも呼ぶべき不思議な現象に対して、ある回答を試みようと思う。

難しい言語と易しい言語

さるパーティで、短大に勤める英語の先生と知り合ったときのことである。わたしがロシア語の教師をしているというと、その先生はこんなことを話してくれた。

「最近は短大も四年制大学に切り替わろうとしていまして、もう会議ばかりです。ある会議で、将来のカリキュラムに関する検討がおこなわれまして、新しい外国語の導入のことが話題になりました。そのときロシア語も開講しようという声があったのですが、ある先生から『ロシア語はとても難しい言語だと聞いているので、英語ですら苦労している学生には無理ではないか？』という意見が出て、結局は見送りとなってしまったのです。先生、ロシア語ってそんなに難しいんですか？」

わたしががっかりしたことはいうまでもない。

ロシア語はとても難しい言語であると信じられている。これがかつて挑戦してみたものの挫折してしまった人がいうのなら、まあそういう感想を持つかもしれない。ところがやったこともない人まで難しいと思い込んでいるのは不思議だ。

じゃあ易しい言語は何かと、反対に尋ねたくもなる。ところがこれはあまり意見の一致を見ない。ある人は英語がとても易しいという。しかしこれが全員の意見でないことはすぐに分かる。英語で苦労している人は日本中に溢れている。簡単にマスターできるのであったら、「簡単に覚えられる英会話」式の本があんなに出るはずがない。

イタリア語とかスペイン語もよく易しいといわれる。この場合も勉強をしたことのない人までこれを信じていることがときどきあるから、不思議である。ちょうどロシア語に対する偏見の裏返しだ。実際に勉強している人に尋ねてみれば、いろいろな意見があるはずである。

確かに言語にはいろいろなタイプがある。たとえば学習の初期に多くのことを覚えなければならない言語がある（ロシア語などがこれである）。書きことばの場合、見慣れぬ文字を使っていればこの習得にも時間をかけなければならない（ロシア語がそうである）。そして身近にネイティヴスピーカーがいない言語だったら、実践の場も少なかろう（またまたロシア語である）。その反対に学習の初期は比較的に簡単で、文字体系にも馴染みがあり、また身近に話し手がいれば、易しく感じられることだろう（たとえば英語だ）。

さらには、すでにどのような言語を知っているのかという、あたりまえのことも難易度を大きく左右する。たとえば英語とドイツ語に通暁しているのであれば、オランダ語を学ぶときには易しく感じられることであろうし、さらに南アフリカのアフリカーンス語を学べば、英・独・蘭語の知識のない人とはまったく条件が違うはずだ。

したがって、もしロシア語に近い言語をすでに習得していれば、ロシア語の学習に対する困難がずっと軽減される。

だからといって、「ロシア語が易しく感じられるようにするために、前もってポーランド語とブルガリア語をマスターしておくとよい」というのは、あまりにも現実離れした意見である。それに近い言語を知っていると、よいことばかりではなくかえって混乱を起こすこともあるというのは、再三指摘しているとおりだ。

では日本人にとって絶対的に易しい言語があれば、はたして多くの人が学びたいと思うだろうか？　たとえばここにとても易しい言語があるとする。日本人ならわりと簡単にマスターできる。しかしこれがごく一部の人しか使っていない言語であれば、その地域にとくに興味のある人でない限り、あまりメリットはない。たとえ多くの人が話していたとしても、たとえば英語で用が足りるのであれば、わざわざ学習する動機も弱まる。その地域が日本との関係が薄く、交流があまりない場合にはビジネスその他の機会もあまりなくなる。そして多くの日本人が簡単に身につけられるために、通訳・翻訳の仕事をするには常人を超える高度な言語能力が要求されるはずで、多少できるというレベルでは仕事はない。

そもそも、いったい何のために言語を勉強するのか？　その言語が使用されている地域の文化に興味があるからではないか？　またはどんな苦労をしてでもその言語を身につければ、すばらしいビジネスチャンスがあるからではないか？　そのときにことばが易しいとかナントカ、そんなことで文句をいうこと自体、間違っているし、そもそも虚しいことなのである。

また、具体的な動機はないけれど、なんとなく外国語を勉強したいなあと考える人であれば、やるべきことはどの外国語が易しいのか調べるのではなく、テレビの海外報道番組を見たり、世界各地を紹介する本を読んだりして、どこの国が面白そうか探るべきである。

ある外国語が難しいといえるのは、その外国語に取り組んでいる人だけである。外国語学習という長いプロセスの中で、たまには「ああ、どうしてこんな難しい言語を選んじゃったんだろう」と嘆くことは許されているはずだ（わたしだってそうして精神のバランスをとることがある）。だからといってそれを挫折の理由にするのだとしたら、あなたには敗北感が残るだけで、なんの救いにもならないだろう。

難しいかどうかなんて、そんなことはどうでもよい。大切なのは楽しい気持ちで勉強することである。なんといっても、長い道のりなのだから。

語学の才能のある民族

たとえば、ユダヤ人は語学の才能がある、などという。オランダや北欧ではみんな英・仏・独語ができる（本当かな？）。レストランのウエイターなんか、数カ国語で注文をとりにくる。これを民族固有の才能といわずして、何であろう？

一方、日本人。自他共に認める、語学がダメな民族ということになっている。他にも、たとえばアメリカ人やイギリス人など、英語のネイティヴスピーカーは、どこでも英語が通じてしまうため、外国語がうまくならない。したがって日本人は英米人と同じレベルである、などとわけの分からない論理で満足し、語学を諦めてしまっては、何にもならない。

確かに語学能力を国別や民族別に測れば、たとえば統一試験などを課してみれば、外国語の得意、不得意がはっきりとする。しかし、そこには統計上に表れない、いろいろな要因が考えられるのではないか？

よくここで引き合いに出されるのが、ＴＯＥＦＬ、つまり英語を母語としない人のための能力試験である。国際的に比較した場合、日本人の平均点がいつでもかなり低いのが、英語教育関係者の悩みの種となっている。

しかし、最近ではこの数字のマジックに、日本人もさすがに気づいてきた。たとえば、英語に系統が近い、ドイツ語やオランダ語などのゲルマン諸語を母語とする人たちの英語能力が高いのはあたりまえである。また多くの語彙が共通するヨーロッパの諸言語が母語ならやっぱり有利なはずだ。さらに英語とはまったく別の系統の言語を用いるアジアの国々でも、英語が公用語になっているところもあるし、民族の言語の他に英語を日常的に使っているところだってある。さらにこのテストの受験者も、数百人のエリートしか受けていない国もあれば、日本のように一〇万人以上が挑戦している国もあるので、平均点だけでは一概に比べられない。

X語を話さなければならない環境にある国では、否応なくX語を勉強するしかない。X語ができなければ高等教育が受けられないとすれば、高学歴を目指す者はX語を学ぶ。当然である。しかしこの場合は国民全体がX語の勉強に熱中することにはならない。ところが、これがよい就職、よい収入に結びつけば、X語の学習熱はより高まる。さらに、X語を使わなければ市民権を与えないとか、国外追放するといった乱暴なことになれば、それは誰だって必死でX語を学ぶしかない（しかし、そういう状況でも外国語がうまくならない人はどうなっちゃうんだろう？）。

日本の場合、外国語ができなくたってべつに死ぬわけではなし、生活していくのに何の不自由も感じない。だから民族の能力はとにかく、環境としては国民全体が母語以外の言語を習得するのに向いていないのだろう。

それとは反対に、母国を持たず長いこと流浪を繰り返してきた民族や、小国ゆえにメジャーな外国語ができないと不便であった人びとは、とにかく複数の言語を身につけることが生きていく上でどうしても必要であったのである。

と、ここまではよく聞く話。外国語教育に関する本にはたいていこんなことが書いてあって、日本人が外国語（多くの場合は英語）ができない理由を説明している。そこから、大学教育はすべからく英語でおこなうべきだ、などというエキセントリックな意見もときどき飛び出す。

それよりも、どうして個人差があることをもっと認識しないのであろうか？　どんな民族だって外国語を操るのがうまい人もいれば、苦手な人もいる。日本人だって外国語を上手に使いこなしている人はいくらでもいる。大切なのは民族の持つ傾向ではなく、個人がどのように努力して、言語を習得していくかということである。それにある民族に、つまり日本人なら日本人に生まれてしまった以上、これを変えるわけにはいかないのだから、そんなこと嘆いたって仕方があるまい。

ところで、たとえばこの文を読んでいる人は日本語ができるわけだが（できないのにこの本を買ってくれた人がいたら、それはたいへん興味深い現象である）、ではどうして日本語ができるのか？　それは日本人だからではない。日本語を話す環境で育ったか、日本語を学習したかのどちらかである。さらに読み書きに限って言えば、これはもう間違いなく、勉強をした結果としてできるようになったのである。

わたしたちは日本語があまりにもあたりまえのものとなってしまっているため、あたかも何の勉強もせずに日本語を身につけたかのような錯覚に陥ってしまいそうになる。だがそんなことはない。幼い頃には学校に通って、「国語」という名のもとに日本語を勉強したはずである。そのおかげで日本語が話せるようになった、という実感を持つ人はあまりないと思うが（しかし本当は大きく影響を受けている）、少なくとも漢字はせっせと練習したことを覚えているのではないだろうか？

ここでミラちゃんの話をしたい。ミラちゃんはいまＯＬをしているが、いまでも仕事の後にわたしの研究室にときどき顔を出す。彼女はいわゆる在日韓国人三世である。ふだんから外国人登録証明書を持っているし、パスポートは韓国のパスポートである。だからお役所的な発想でいえば、彼女は「外国人」となる。

しかしことばはどうか？　彼女のことを紹介するときに「ミラちゃんは韓国人なんだよ」というと、研究室の学生たちはさまざまな反応をする。「日本語がものすごくうまいですね」と感心した者もいた。そりゃそうだろう。なんてったって、ミラちゃんは生まれも育ちも九州なんだから。言語と民族を必要以上に一致させて考えてしまうと、こういう誤解をする。「あやうく先生に騙されるところだった」といった者もいる（失礼な！）。

さて、ここからが肝心である。ミラちゃんは韓国語がかなりうまい。たいして韓国語のできないわたしがこんな評価を下すのもおかしなものだが、ちゃんと韓国語ができる人たちからも、ミラちゃんの韓国語は定評がある。かつてソウルへ一緒に行ったときにも、彼女の韓国語はすばらしく、傍で聞いていても会話がスムーズに進んでいることがよく分かった。

では、どうしてミラちゃんは韓国語が上手なのか？　彼女が韓国人だからではない。それは日本の大学の韓国語学科で四年間しっかりと勉強し、さらに現在も韓国語を使ってお勤めをしながら、日々新しい単語を仕入れ、表現を覚え、努力を怠っていないからである！

はたして彼女の家庭環境では、どのくらい韓国語が聞こえるのだろうか？

「いやー、両親とも仕事の関係とかで韓国に行ったときにはべつに困らないほどできますがね。べつに家ではふつう日本語ですよ。まあ、たまに親戚が集まったりするときには韓国語が多少は飛び交ったりしたので、子供心にもオオッと思いましたが」

「つまり、韓国語の学習に有利な環境というわけではなかったの？」

「まあ、ないですね。でもそうそう、こんなことがありました。まだ幼かったとき、母親がご飯などを混ぜなさいという意味で『これピビして食べなさい』っていってたんですね。わたしはそれをずーっと幼児向けの表現というか、家庭内言語だと思っていたんですけど、あとで韓国語を勉強してみたら、このピビするっていうのは動詞『ピビダ（混ぜる）』からきている語で、つまり韓国語だったんですよ。でも使っていた母親にしても、そんなこと気がついていないんでしょうね。わたしもべつに頭の中で『ピビする』＝『混ぜる』というようには変換していませんでした。まあ、それに類することは多少はありますが、でも韓国語の勉強とはあまり関係ないと思うんですけど」

お分かりいただけただろうか？　民族と言語はべつに関係ないのである。だからX人ではないからX語ができないんだと、言い訳にしてはいけない。その代わりX人ではなくてもX語がうまくなる可能性は十分にある。

BGMとしての外国語

BGM、バックグラウンドミュージックは生活習慣であると思う。常に音楽のある生活に心の潤いを求めたり、また精神をリラックスさせることばかりが目的ではない。いつでも音楽が流れている生活を送っている人は、きっとそれがあたりまえになって、シーンとしてしまうことに不安を感じるのではなかろうか？

こんなことをいうのは、わたしが音楽のない、静かな生活をしているからである（おしゃべりで騒がしい筆者を知っている人から見れば信じがたいことかもしれないが、本当である）。たまに友人の家に遊びに行くと、常に音楽が流れていたりして、なるほど、習慣が違うなあと感じる。べつに音楽が嫌いなわけではない。ただわたしの場合、音楽を聴くときはそれに集中してしまうことが多い。仕事をしながら音楽を流すことはまずない。以前よく、受験勉強のときにラジオを聞きながら学習するのがよいのかどうかというのが議論になったが、わたしにはそういう習慣がなかったし、その上たいして受験勉強をしないで大学に入ってしまったので、分からない。

だからＢＧＭのようにいつでも部屋の中で外国語を流していたら、聞き取れるようになるとか、発音がうまくなるというのが、真実かどうかというのもやっぱり分からない。また、ラジオ講座その他にしても、テキストを買って勉強すればともかく、ただ流しているだけではどうなんだろう。まあ、聞きたければべつによいと思う。でも、それで外国語学習において効果がないとしても、文句はいえないのではないか？

日本語が圧倒的な勢力を持つ日本で、学習する外国語が街で響くことは、近年外国人がかなり増えたとはいえまだまだ少ない。だからせめて部屋の中では外国語に親しめるようにとテープを流したり、ＣＤをかけたりしたければべつに止めない。わたしだって、たとえば明日はポーランド人に会うから、ポーランド語に慣れておこうとテープを流すことはある。でも、たいていはポーランド語のテキストを見ながらテープを聴くのであって、ただ流しっぱなしということはあまりしない。ただ流すだけだったら、たとえばポーランド民謡のほうが楽しいので、そちらにする。でももちろん、学習効果などは期待していない。

脳や記憶のメカニズムについては、専門家でないのでよく分からない。ただわたしだったら、外国語が聞きたいなあというときだけテープを流している。お皿を洗ったり、洗濯物を干したりしながら、さらに外国語まで学習して効果を上げようというのは、ちょっと虫がいいんじゃないか？　お皿はキチンと洗い、洗濯物はキチンと干そう！

ところで、これと似ているもので睡眠学習法というのがあるが、これははっきりと否定しておく。これについては脳や記憶のメカニズムなど知ったことではない。とにかく、わたしの授業中に居眠りすることは許さん！

外国語は幼いうちに始めないとダメか？

そんなことといったって、この文章を読んでいる人の大半は大人であろう（いや、若い人が読んでくれるのはすごく嬉しいのだけれど、少なくともこういった文章が理解できるぐらいは大きくなっているでしょう、という意味です）。だから、幼い頃から外国語を始めるべきだったなんて、そんなことをいまさらいっても仕方がない。自分が幼いとき、外国語を学ぶ環境になかったから外国語ができないのだなんて言い訳して、それって虚しくありませんか？

ちなみにわたしの生まれ育った環境は、外国とまったく縁のないものであった。母親はわたしが幼いとき、小型の英和辞典片手に外国の絵本を読んでくれた。とても感謝しているが、後になって読み返してみれば、ストーリーがだいぶ違っていた（より面白くなっていたこともある）。父親のほうは外国語なんてとんでもない、国際感覚ゼロで、プロシア（現ドイツ）と白ロシア（現ベラルーシ）の区別もつかなかった。それでも外国に対する憧れの強かったわたしは、外国に行きたいなあといつも思っていた。親の仕事の関係で海外に住むなんて、羨ましくて仕方がなかったのだが、うちの親の職業では転勤なんて絶対にありえなかった。

だから、わたしが外国語を学んだのは、トルストイのように外国人の家庭教師がいつも家の中にいて、外国語で話しかけてくれたような環境ではまったくない。日本の多くの同世代と同じ条件においてであった。すなわち、英語は中学・高校の授業とＮＨＫのラジオ講座のみ、近所に英語を教えてくれる神父さんがいるわけでもなく（そういうエピソードをなぜかよく聞く）、ネイティヴに習うことは大学に入るまでなかった。

幼い頃から外国語を学ぶことについては、大脳生理学や教育心理学などの立場から多くの研究がおこなわれている。科学的意見を知りたい方にはそちらの関係の本をお読みになることをお勧めする。わたしのようなシロウトが判断できることではないので、発言は控えたい。

また親御さんの立場として、子供の外国語教育に関心のある方も多い。残念ながらわたしは大学生以上を相手に外国語教育をしているので、子供のほうはよく知らない。

ただわたしの意見としては、外国語は本人の意思で選んだほうがよいと思う。

たまたま親の仕事の関係で、幼くして海外で暮らす経験をしたため、母語と外国語のバイリンガルとなった人がいる。それはすばらしい。そしてとても羨ましいと思う。でもそれは他人事だからそんな呑気なことをいっているのかもしれない。彼らだって、決してタダで言語能力を身につけたのではない。いろいろと苦労もしているはずだ（と想像する）。とくに日本語が話されない社会環境で日本語能力を保つのは、どうしたって努力が必要だと思われる（たとえば英語圏に住んでいたため英語だけしかできなかったとしたら、それはべつに羨ましくない）。

とにかく、成人に達するまでに、二つ以上の言語を十分に使いこなせるようになったとする。だからといって外国語と関係のある職業に就く必然性はない。通訳や教師だけが外国語を必要とする職業ではない。外国語がよくできる医者や弁護士になってもいいし、外国語とはまったく関係のない落語家になってもよいはずだ。言語能力というプラスの要因が、職業選択の幅を狭めるマイナス要因となってしまうとしたら、それは残念なことである。

本当に高いレベルのポリグロットというのは、やはり環境が重要らしい。日本語学の権威であり、ご本人もフランス語とオランダ語のバイリンガルであるベルギー人のグロータース神父も、バイリンガルになりたければ親を選べとおっしゃっている。もちろん皮肉である。分かってはいるのだが、ため息が出る。

そう、だからわたしの外国語能力なんてたかが知れているのだ。でもまあ、仕方がないので、自分のできる範囲で諦め悪く勉強を続けているのである。

現地に行けばなんとかなるのか？

外国語を学習している人なら、現地に行ってみたいと思うのは当然である。たとえそこが貧困に喘いでいても、政治が混乱していても、かの地の文化に敬意を払っているのなら、憧れがあってあたりまえではないだろうか？　現地で勉強するより安定している別の国に行けば十分だとか、現地の人間は汚い間違ったことばを話しているから行かないほうがいいとか、ときどきそんなことをうそぶく人がいるが、どう考えても間違っていると思う。確かに戦乱がひどくてとても外国人がノコノコ出かけられないような地域もある。でも、行けるものなら行きたい、そうでなかったらどうして外国語なんぞを勉強しようというのか、わたしには理解できない。

現代では外国語を学ぶために現地に出かけるのはとても簡単である。お金と時間さえナントカすれば、あとはどうにでもなる。もちろんこの二つを「ナントカ」するのは楽ではないが、しかし交通手段が発達していなかった時代や、出国許可を取るのがとても難しい国の市民に比べたら、わたしたちは恵まれている。「留学」ということばは最近ずっと身近になった。

しかしあまりにも身近になり過ぎてしまったため、「外国語を学ぶなら現地に行ったほうが簡単に身につく」という意見まで出るようになってきた。ことばを身につけるのならば、とりあえず留学するほうが手っ取り早いというのは、本当だろうか？

ちなみに、わたしは留学経験がまったくない。わたしが大学生だった頃は旧ソ連に留学することがとても難しかった。大学院生になって、日ソ間に協定が結ばれ、国費留学のチャンスが到来した。しかしその頃はちょうど修士論文を書く時期だったので、留学はそれ以降にしようと考えた。べつにロシアは逃げては行かない。ところがほんの二、三年のうちに状況が大きく変わり、ロシアは混乱のため留学制度が一時ストップしてしまった。ロシアに逃げられてしまったのである。しかしそれも数年のうちに収まって、またロシアへの道が開けた。ところがこんどはこちらが就職してしまい、忙しい日々を送りながら今日に至っているという始末である。まったく、人生ままならぬ。

いままでの海外滞在日数を考えてみても、ロシアにはそんなに行っていない。最も長い時間滞在した国はチェコだが、それだって通算四カ月ぐらいのものだろう。また、ウクライナ、ベラルーシ、チェコ、ポーランド、スロヴェニアと、スラヴ圏各国で語学研修に少しずつ通ったが、ロシアでロシア語を学んだことは一度もない。

外国語学習のことだけを純粋に考えた場合、スラヴ諸語であったらロシア語だけは日本で身につける環境が整っていると思う。最近ではポーランド語やチェコ語もこれに続くかもしれない。教科書や辞書が充実していること、本が手に入ること、ネイティヴに出会うチャンスが比較的多いことなど、ロシア語はかなり恵まれている。さらにアルバイトだって多少はある。日本だけで勉強して一応は使えるようになり、一時は通訳業で食いつないでいけたのも、ロシア語だったからである。

反対に、学習している言語によっては日本のみでの勉強だとすぐに限界が来てしまうこともある。英語やドイツ語やロシア語を介さなければ、辞書を引けない言語は珍しくない。テープやＣＤといった音声教材を探したり、ネイティヴに会うことさえ難しいこともある。こういう言語を身につけようとしたときには、「現地で学ぶ」ということが他のメジャー言語とは違う意味合いをもつ。

もちろん、メジャー言語だろうがマイナー言語だろうが、現地に行くことは有意義である。そのことは否定しない。問題は「より簡単に身につく」かどうかという点なのだ。

ここで、留学したことのないわたしは、短期語学研修の経験から想像するしかない。

まず、文法。現地で学ぶ場合、先生はあたりまえだが現地のネイティヴである（ここまで来て日本人の先生に習うようでは、何のためにはるばるやって来たのか分からない）。ということは、説明はその言語でなされる。ロシアだったら先生はロシア語の文法をロシア語で説明するのである。国によっては、たとえばチェコにおける「外国人のためのチェコ語コース」などのような場合、英語やドイツ語のクラスがあり、文法などは英語なりドイツ語なりで説明される。ということは英語やドイツ語ができるといっても、ただ観光旅行ができるというのではなく、文法用語を知っていなければならない。

もちろん、文法なしで実践を通して教える、いわゆるダイレクト・メソッドを採用している学校も多い。しかしその場合、先生がどんなにことばを尽くして説明してくれても、分からないときはやっぱり分からない。とくに動植物名については辞書を見たほうが絶対にはやい。

次に語彙。街を歩いていれば、看板などは自然と目に入ってくる。だから「パン屋」とか「サマーセール」といった単語はなんとなく覚える。しかし抽象名詞はこうはいかない。「忍耐」とか「盗難」とか、さらには「状況語的従属文」といった語は、日本にいるのと同じように努力して覚えるしかない。現地だと新聞や雑誌が簡単に手に入るのが嬉しい（しかも安い）。しかしそれだって読まなければ何にもならないし、知らない単語は調べなければ分からない。たとえ現地に滞在できたとしても、学校にきちんと通って、宿題や復習をし、単語を覚え、積極的に話すように努めなければ、言語は上達しないのである。

しかしそうかな？　そのことばが日常的に話されている環境に身を置けば、それだけでなにかメリットがあるのではないか？　こんなふうにも考えたくなる。

哲学者・土屋賢二氏の英国留学記に次のような一節がある。

さて、イギリスに来てすでに三ヵ月余りになりますが、小生の英語は一向に進歩していません。とくに日常的な会話が難しいです。こちらにいる日本人の話では、三ヵ月ぐらいたつと、急に英語が聞き取れるようになる、ということでしたが、その気配もありません。もしかしたら、すでに英語は聞き取れているのに、それに気がついていないのかもしれません。

たしかに、見方によっては進歩しているともいえます。最初のうちは聞き取れなくて悩んでいましたが、英語は理屈よりも慣れだというのは本当です。三ヵ月すぎると、聞き取れないことに慣れてくるのです。英語が分からなくても死ぬようなことはない、ということが分かってきます。

土屋賢二『われ大いに笑う、ゆえにわれ笑う』（文藝春秋、一九九六年、一七三〜一七四ページ）

ユーモアエッセイを得意とする氏が皮肉たっぷりに書いているのだが、しかし「三ヵ月すぎると、聞き取れないことに慣れてくる」というのは真実である。そう、現地で生活するには、ことばがすべてではない。日本に何年も暮らしていながら日本語がちっとも進歩しない外国人はいくらでもいるではないか？　ある外国語学部の学生は、現地に行き、ことばができなくてもなんとかなることを悟ってしまい、それまでもたいして勉強していなかったのに帰国後はなおさら怠けるようになった、という例もある。これでは逆効果ではないか！

結論は言い古されたことである。現地に行く前にきちんと勉強しておきなさい。むこうに行っても奇跡は起きないし、その奇跡を起こすためには日本にいるのと変わらないぐらい努力をしなければならないのだ。

ということは、「わたしは留学するチャンスがなかったから、外国語が流暢にしゃべれないのである」という言い訳も通用しないことになる。確かに、現地に行けば、日本で勉強するよりも集約的に効果を上げることができる。しかしあるところから先は、結局地道な努力が必要とされるのである。

日本国内でも、できることはいろいろとあるはずだ。工夫次第では大きな成果も期待できる。いまの環境でなにができるのか、もういちど考えてみてはいかがだろうか？

どうして道を教えたがるのか？

「あるとき街で外国人（と思われる人）から英語で声をかけられました。どうやら道を尋ねられているようでした。しかしこちらはとっさなので緊張してしまい、うまく教えてあげることができませんでした。中学・高校と六年間も英語を勉強していながら、こんな簡単なこともいえないのかと思ったらとても情けなかったです」

大学生を対象に外国語に関する経験について尋ねると、このような思い出が語られることがずいぶんと多い。真面目な人だと、それをきっかけに英会話の授業を履修したり、町の英会話学校に通うことにした、となる。

べつに悪いことではないが、しかしなんだか変だ。つまりはこの先、いつ巡ってくるとも分からない「外国人から英語で道を聞かれる」という場面のために、金と時間をかけて努力をしようというのである。なんだかずいぶんとお人好しではないだろうか？

もちろん、外国語の会話を学ぶ人の目的はそれだけではない。ただ「道を教える」のはとても単純なことのように思える。「まっすぐ行って右」とか、「左に曲がって三番目の白い建物」ぐらいの簡単な文に過ぎない。「道を教える」というのは会話能力の一つのバロメータであり、それすらもできないということはとてつもなく会話能力が低いことを意味するのである。だから勉強しようと決心するのだ。

しかし、道を教えるのはそんなに簡単な行為なのだろうか？

わたしの場合、道順を説明するのは日本語でも苦手である。ふつうに日本人から日本語で道を聞かれて、いつでもうまく教えられるとは限らない。だいたい聞かれた場所が「まっすぐ行って右」とか、「左に曲がって三番目の白い建物」というように単純なことはあまりない。けっこう複雑なことを説明しなければならない。ことばで説明するのが面倒だから、図を描いて説明することもある。また「一緒に行きましょう」といって案内することだってあるだろう（わたしはよくそうする、そのほうが分かりやすいから）。それにそもそも、尋ねられた場所を知らないことだってある。それをいちいち落ち込むだろうか？

さらに、外国人が日本語の固有名詞を発音するときには独特の癖がある。「新大久保」が「シノクボ」になったりする。そのときとっさに判断して、的確なことを教えてあげられるのは、言語能力の問題ばかりではない。勘のよさもまた大切である。たとえば、東京の地名に疎い人から「ヒグレザトはどこですか？」と尋ねられ、それが「日暮里《にっぽり》」であることを察することができるのは、別の能力である。

外国人に道を聞かれたら、親切に教えてあげたい。よいことである。でも日本人にも親切に教えてあげてほしい（そりゃそうだよね）。しかし親切を追求するあまり、いつ道を聞かれてもいいようにと、ふだんから地図を眺め、主な建物の場所などを把握すべく努力している人がいたら、だいぶ変わっていると思う。

道を聞かれたときには、きちんと教えてあげられることもあれば、うまく答えられなかったり、そもそも知らないときだってある。それがふつうである。しかしこれが外国語でおこなわれるとなると、過敏に反応してしまうことがある。なにか特殊な体験であるかのような錯覚に陥りやすいのだ。

外国語の会話を勉強するのは結構なことである。しかし道を教えてあげられるようになったところで、外国語能力が一定のレベルに達したわけではない。道案内を外国語学習と結びつけないほうがよいだろう。

ということは、ことばができなくったって、困っている外国人を助けてあげることができるはずである。でしょ?

独学に限界はあるのか？

そりゃあ、先生はいたほうがいい。外国語を学ぶときには、発音の仕方や文字の書き方、また文の組み立て方を教えてくれる人がそばにいるほうが、勉強しやすいに決まっている。

独学とは学習者が教師の役割もするという、いわば一人二役をこなすことなのだ。これは辛い。とくに自分で間違いを指摘することができない点が最も困る。文法問題で、たとえば簡単な穴埋めならば、模範解答を見ながら自分で採点できる。でも作文は、誰に添削してもらえばよいというのだ！こういうときに先生がいると有り難い。そうなんです、わたしの職業も決して無駄ではないのです（と思っているのだが……）。

ところが、なかなかいい先生が見つからないときもある（いいかどうかを、習う側がどのように判断するのかというのも難しい問題だが）。マイナー言語の場合、いいも悪いも先生がまったくいないということもある。また地方にいるため、外国語の先生を探すのが一般的に難しいということも珍しくない。さらに、家事や子育てで外出しにくい人もいる。果ては教師に謝礼を払うのが惜しいと考える輩もいる（最後の例の場合は、どうぞ勝手にしてください）。

人はそれぞれの生活環境の中で、外国語を学習している。誰もがベストの条件にあるわけではない。時間もお金も無限ではない。そう考えれば、仕方なく独学という道を選ばなければならないこともあろう。でも、頑張ってください。勉強を続けていればきっといいこともありますから。

わたしも現在ある言語を独学している。日本ではとてもマイナーで、しかも実用的価値のまったくない言語で、そのため日本語で読める教科書すらない。しかし研究の必要上どうしてもその言語の構造が知りたかったし、できれば多少は本が読めたらいいなあ（ちょっと欲張っている）と思った。そうなったら道は二つしかない。独学するか、諦めるか。わたしは前者を選んだ。

独学にコツがあるのかどうか、わたしは知らない。ただ学習を始めるにあたって、いくつか気をつけたことがあった。

まず教科書。五年ぐらいかけて英語やロシア語で書かれたその言語の教科書と辞書を、数種類手に入れた。学習するときにはどれか一冊を中心に勉強したほうがいいのだが、手元には何種類か置く必要がある。もともとマイナーな言語なので教材の種類は多くない。目につくものを端から買い集めた。練習問題がついていて、さらに模範解答があるものが望ましい。さらにテープ教材のついているもの。これは独学のときには絶対に必要である。この言語は有り難いことにラテン文字を使用しているので、この点は助かった。見慣れない文字であれば、独学の苦労がさらに増えることになっただろう。

次に時間。まとまった時間がとれれば、教科書を一気に読み通すのもよい。しかしその後は、ある一定の時間を定期的にその外国語学習にあてるように心がけたい。本当は毎日やったほうがいいのかもしれないが、なかなか時間もとれないので、わたしの場合、毎週金曜日に某私立大学へ非常勤に行く電車の中をこの言語の学習時間とした。午後からの授業なので車内で座ってゆっくりと勉強できるかと思っていたのだが、その私鉄は昼間でもけっこう混んでいた。しかし負けてはいけない。席がとれなければ吊り革にしがみついてでも、とにかく教科書を読んだ。決して慌てずに、いつも一、二課分を復習しながら進め、なるべく例文を暗唱するようにした。テープは家に帰ってから聴いた（車内でシャカシャカとウォークマンを聞くのは嫌いなのです。それに、そもそもウォークマンを持っていないんです）。

教科書は一定のスピードをもって進めるように心がけたい。途中で分からなくなったら、また戻って復習すればいいのである。「三課を完璧にしてからでなければ、四課に進めない」と思いつめていると、いつまでたっても同じところでつまずき、そのうちに学習そのものがいやになってしまう。三課で分からなかったことも、五課になって分かるときもある。ある程度の「いい加減さ」もまた必要なのである（これには自信がある）。

通勤電車内の時間有効利用法はいろいろとあり、多くの人がなんらかの工夫をしていることと思う。読書もいいのだが、内容に夢中になって乗り過ごしたりするといけないので、わたしには外国語の独習のほうが性に合っている。とにかく、結局はこの言語が好きなのである。近々この国に行かれたらいいなあ、などと考えていると、いけない、教科書のことをすっかり忘れている！

で、結果はどうかというと、まだ学習中なのでなんとも言えない。春休みになってしまい、例の私鉄に揺られることもしばらくはなくなってしまったので、なんとかべつに時間を作らなければいけないと思っている。そう、先生がいないということは、誰にも強制されないので、サボらないようにするのは自分の意志しかないのである。意志の弱いわたしには、独学とはとても辛い学習法である。なんとか先生を探したいと思っている。

「文法」よりも「会話」が好き！

世の中、英語ブームであるが、正確に言えば、英語ではなく英会話が人気なのである。とにかく話したい、話せるようになりたい。いったい何をそんなにおしゃべりすることがあるのだろう？

会話力は確かに外国語能力の一部である。古典語でもない限り（例外はあるが）外国語を習うからには話せるようにもなりたい。本だけと付き合いたいから、会話なんていらないという人もいる。昔はこういう人も多かった。ネイティヴと一生会わないのだったらそれでもいいかもしれない。だが現実にはそうもいかないだろう。

それに会話力は一目瞭然である。シロウト目にも、「あ、この人は話が通じているな」とか、少なくとも「こんなにシドロモドロしているようではたいしたことないな」などと判断が下せる。いや、その判断が正しいかどうかは怪しいのだが、そんな気になることは確かだ。

外国語の教師の場合、たとえその人がどんなに立派な学者であっても、会話ができなければ学生は絶対に納得しない。反対に何も分からない学生の前でネイティヴとペラペラ話してみせれば、学生たちは「この先生はデキル！」と勘違いする。わたしはこの手でしばしば学生を騙してきた。実はとてもくだらないことを話しているのである。もちろん、「あんなふうに話せるようになりたいなあ」と思って、勉強の意欲が出るのなら、教育的にたいへんに結構なことだ。しかし学生が騙されていることには変わりない。

では、どうしたら会話ができるようになるか？　まずは単語を覚えなければならない。単語は料理でいえば材料である。材料なしではどんな名コックでも料理は作れない。

しかしそれだけではだめだ。単語を覚えるほかにさらにやるべきこととして、わたしは次の二つのうち、どちらかをする必要があると考える。

①基本的な例文を一万（！）ぐらい暗唱する。
②文法を学習する。

文法は料理でいえば調理法にあたる。材料を手に入れたら、こんどはそれを調理する方法が必要となってくる。言語の場合は、単語という材料を組み合わせて、文という料理を作り上げるための方法を知らなければならない。

そこでその方法をどのように身につけるか？　例文を一万も覚えれば、まあそこから類推して新しい文を作り出せるようになるだろう。しかし、それはたいへんな作業だ（ふつう挫折する）。そこでこれを能率的に簡略化したい。それが文法である。

どうも「文法」という語は評判が悪いが、それは誤解だ。文法とはマニュアルである。本来なら例文を山ほど覚えるところを、効率的にまとめてあるのだから、嫌うどころか有り難く感謝しなくてはならない。

しかし文法書というものは、しばしば説明が難しい。何が書いてあるのかさっぱり分からない。しかしそれはその本が悪いのである。機械のマニュアルなんかも、本当に分かりにくいものがある。わたしもこういうマニュアルに出会うと、なんだか自分の頭が悪いような気になり、悲しくなる。

文法と文法書は違う。文法書の困ったところは、いくつかの専門用語や概念があらかじめ分かっていなければ理解できないものが多いことである。これはわたしたち外国語研究者の責任ですね。ごめんなさい。でも文法そのものは、本来とても便利なもののはずで、文法を怨むのは筋違いである。

さて、日本語を母語としているみなさんは、どのようにして日本語を習得したのだろうか？　そうです、べつに意識的に文法を勉強したわけではないですね。なのにいつのまにか話せるようになっている。で、日本語も英語も同じ言語なんだから、英語だってやっぱり文法なしで身につくのではないかと考える人が現れる。

ときどき、「赤ちゃんのように外国語を身につけよう」というキャッチフレーズがある。赤ちゃんは親や周囲の人の話しているのをじっと聞いてことばを覚える。だから外国語もたくさん聞いていればいつのまにかしゃべれるようになる。この謳い文句に乗せられると、カセットテープが何十巻とついた高い教材を買わされて、結局は面倒で聴かないまま終わってしまう危険性がある。

わたしたちはすでにある年齢に達しており、子供が母語を身につけるような方法はそのまま使えないのである（そもそも、大人の頭は赤ちゃんと違って雑念が多い）。赤ちゃんは結局のところ一万の例文を覚えているのだ。それに大人は赤ちゃんほど時間もない。外国語を短時間で効果的に身につけることを目指せば、どうしても文法が必要になってしまうのである。

確かに外国語を学習する場合、文法の先生は細かいことをいちいち直して注意をし、あまり楽しくない。それに比べて会話のほうは、先生も「間違ってもいいからどんどん話しましょう」といってくれるし、気楽でいい。しかし文法的間違いをまったく指摘しないままの授業なんて、わざわざ習う意味があるのだろうか？

会話の先生が細かいことにいちいちこだわらないとしたら、それは二つの理由が考えられる。話の腰を折らないように気をつかっているか、または単に面倒くさいかである。

外国語の実力は総合的なものである。読めるけれども話せないというのは本来おかしい。こういった総合的な能力は、部門別に測定するものではないだろう。

さらに「聞き取りはダメだけれど、会話は得意」という人がいたら、それはもうまったくどうかしている！　会話は相手があってこそ成立するもの。一方的にしゃべりまくるのではなく、ちゃんと受け答えになっていなければ、いくら単語をたくさん使っても、文法が正しくても、そもそもダメである。

外国語の会話という特別な世界はない。会話は会話である。

巻き舌ができないのは致命的か？

繰り返すようだが、わたしはロシア語の教師である。なのに、それ以外の言語に関してもなぜか学生がよく質問しに来る。大学には英・独・仏・中国語の専門家はいるが、他の言語となると先生がいないのだから仕方がない。怪しげな言語学の講義をしているクロダのところにでも行けば、なんか分かるだろうと思うのかもしれない。わたしもできるだけ期待に添えるよう、ふだんからいろいろな言語の教材を研究室に備えるようにしている。

先日もスペイン語を独学している学生が訪ねてきた。ロシア語にはたいして興味を示さなかったのに、休みを利用して旅行してきた中南米がすっかり気に入ったらしい。以前にスペイン語の教材を借りに来たこともあった。

「こんどは何？　スペイン語の勉強は進んでる？」

「あっ、はい、まあ一応……。あのきょうはですね、巻き舌を教えてもらいたくて……」

のんびりしたしゃべり方の、不思議なムードの男である。風貌やファッションも理系学生らしくない。さてはラテンアメリカにだいぶ染まってきたのか？

「巻き舌？　ロシア語のときに教えたでしょう？」

「そうでしたっけ？」

「そうです！」

でもまあ、ケチケチしないで教えてあげましょう。この方法はわたしの先生から伝授されたものを少しアレンジして、授業中にいつも使っているものである。
①pru, pra, pru, pra……という練習。
②tru, tra, tru, tra……という練習。ただし「とる、とら……」となってしまってはいけない。pやtとrの間に母音が入らないようにすることがポイントである。
「プルル、プララ、プルル……。あの、巻いてますか？」

「大丈夫。巻いているよ。rの巻き舌をするときには、その前にpやtといった子音があったほうが巻きやすいんだよ。じゃあ、tru, traのほうは？」

「とるる、とらら……どうですか？」

「うーん、こっちはまだちょっと怪しいね。家で練習していらっしゃい」

発音の訓練はいっぺんにできるものではない。通院ではないが、自分でも何度か練習してもらって、少しずつやるのがいいだろう。

このtru, traがうまくいくようになったら、次の練習に移る。
③oro, ara, oro, ara……という練習。前に母音があったほうが、舌はやはり巻きやすい。
そういえば、江戸時代はロシアのことを「おろしあ」といっていた。Россия「ラッシーヤ」と発

音するとき、はじめの巻き舌の音を聞いていると、あいまいな「お」という母音が軽く聞こえるような気がしないでもない。これはべつに日本人の耳ばかりがヘンなわけではない。モンゴル語でもロシアのことはОрос「オロス」というのは、とても興味深い。

そしてこれもうまくできるようになったら、胸を張って、④ru, ra……と発音する。早い人で一週間、発音の訓練はどこでもできるので、こまめに練習してほしい。

ある外国語を学んでいるとき、苦手な音があるとどうしても気持ちが引けてしまう。発音指導に熱心な先生に習うと細かくチェックされるので、確かに勉強にはなるのだが、精神的に辛いことは辛い。

わたしがロシア語を学び始めたときも、いろいろと苦手な音があった。巻き舌では苦労することがなかったが、たとえばЖ「ジュ」やШ「シュ」がうまく発音できなかった。教科書には

> Ж、Шは舌を奥へひき、舌先を硬口蓋に近づけ、舌先に向けて強い息を集中すると、舌先と硬口蓋とのうすいすきまで空気がまさつしてこの音がでます。
>
> 東一夫・東多喜子『改訂版　標準ロシア語入門』（白水社、一九九四年、一三ページ）

とあるのだが、さっぱりうまくいかず、そもそも説明の意味するところもその頃はよく理解できなかった。仕方がないのでとにかくテープを繰り返し聴いた。あとでつくづく思ったのだが、音声学の訓練でも特別に受けていないかぎり、自分の舌や口の中は思いどおりに動かせるものではないのである。

しかし以上は「一般的な」巻き舌の訓練法である。スペイン語の場合はどうなんだろう？　図書館へ行って、スペイン語の入門書を開いてみる。

rの文字が表わす音には2種類あります。

1　[r̄]　rが語頭に来るか、またはrrの綴りの場合、およびl、n、sの次に来るとき、この発音をします。舌先を上の門歯の歯ぐきのところで、2〜3回ふるわせ、いわゆる〝巻舌〟の「ラ行」音を出します。（中略）

2　[r]　1以外の場合は、舌先の位置を[r̄]と同じにして1回だけふるわせます。

山田善郎『ＮＨＫ　スペイン語入門（第二版）発音・基本文型カセットテープ』（日本放送出版協会、一九七九年、一七〜一八ページ）

やっぱりスペイン語にはスペイン語の事情がある。一般音声学としての訓練と個別の言語の発音練習は別物である。スペイン語の巻き舌に関しては、残念ながらこれを正しく教える自信がまったくない。あとは学生自身に努力してもらわなければ。

発音ははじめが肝心である。テープを聴いて繰り返し、正しい発音を身につけてほしい。ただしそれもほどほどに。外国語学習の初歩にはやることがたくさんあるから、発音ばかりというわけにもいかない。それにあまり神経質になると、勉強そのものがいやになってしまう危険性もある。わたしも発音をかなり一生懸命に矯正していた頃、夜の語学学校の帰り道にふと授業中うまくいかなかった発音のことを思い出し、ブツブツと練習してしまうことがあった。周りの人が明らかにわたしを避けているのを感じた。きっとヘンな人に思われたのだろう。練習熱心もほどほどに。
発音が一つや二つできないからといって、外国語を諦めてしまうのはもったいない。

「分かる発音」と「うまい発音」

外国語を学習し、いくら相手の言語を話してみたところで、発音が悪くて分かってもらえなければなんにもならない（その上とても悲しい）。まずは相手が「分かる発音」を目指す必要がある。

相手が「分かる発音」とは、ある言語で区別している音をしっかりと発音し分けるということである。lとrを区別する言語だったら、この音を一生懸命に練習して、それぞれが発音できなければならない。こういう言語でlとrを間違えると、別の語になってしまうようなこともよくあるから、注意が必要だ。もし舌をうまく巻けなければ、せめてlと区別して発音するように心がけてもらいたい。

ところがlとrを区別する言語を母語とする人が日本語を勉強するときは、「ら」の音をlaと発音してもraと発音しても、こちらが意味を取り違えることはない。そもそも音の数が多い言語を母語とする人が音の少ない外国語を学ぶときには、有利であるといわれている。そういう人は楽だなあと思う。ないもの（たとえば日本人にとってのlとrの区別）を新たに学ぶほうがたいへんに決まっている。

しかし、たとえばlとrを区別する英語を母語とする人が発音する日本語の「ら行」音は、間違ってはいないけれど、微妙に変だと感じられる。意味を取り違えることはないが、日本語らしくない。それは日本語の「ら行」の子音にあたる部分が、実は英語のlでもrでもないからである。ただ、日本語には英語のlやrにあたる音がないので、これらで代用していても不都合が起こらないのに過ぎない。これを調整し、英語のlでもrでもない音で「ら行」音が発音できるようになれば、その人の日本語は「分かる発音」から「うまい発音」へと進歩したことになる。

これは言語学的に考えると、音韻論と音声学の問題なのだが、それはあとで詳しく説明する。とにかく、外国語を学習していく場合には、この「分かる発音」から「うまい発音」へと順を追って練習していくべきであろう。

しかし、音を一つひとつ正確に発音したからといって、その外国語が「それらしく」響くとは限らない。たとえばイントネーション。ロシア語の場合、まったく同じ構造の文でも声の上げ下げによって意味が変わってくる。イントネーションがうまくないと、文章が平叙文か疑問文かが伝わらず、相手が誤解することすらある。こちらは質問しているつもりなのに、相手から見るとひとりで納得しているように思われたら、やっぱりなんにもならない(そしてやっぱり悲しい)。音を正確に発音できるようになったら、こんどは文のイントネーションにも気をつかおう。

発音指導については、言語教育の専門家からさまざまな報告がなされている。残念ながらわたしはこの方面に関してほとんど知識がない。

それでも外国語教育の経験から学んだことが一つある。それは発音をよくするのに、歌がたいへんに効果的であるということだ。

まず、歌はただ文章を丸暗記するよりも覚えやすくて楽しい。さらに音符に合わせて音節が切ってあるので、音節の切り方の法則も「母音間の一つの子音と語頭の二つの子音は後の母音につくが、母音間の二つの子音は異なる音節に属し……」などという難しい規則を覚えなくても、自然に体得できる。

さらに発音にとっても有効だ。日本語は原則として子音の連続が少ないので、外国語の発音でも、ついつい子音間に母音を入れてしまう傾向がある。strikeなのに「ストライキ（sutoraiki）」となってしまうような例だ。ところが音符は音節ごとに割り当てられているのが原則なので、strikeだったら（こんな単語が歌に出てくるかどうかはともかく）音符一つ分で発音する必要があり、発音の矯正に役立つ。日本語風に「す・と・ら・い・き……」とやっていたのではぜんぜん間に合わない。とくにカラオケ世代の学生はテンポよく歌うことに慣れているので、必ずうまくいくと思う。ロシア語教師としては、あとはロシア語のカラオケを普及させるだけである。

いずれにしても、発音がうまくなるにはしばらく時間がかかる。諦めずに練習していくことが大切である。ただしやみくもに発音するのではなく、学習している言語にとって何が必要かをよく押さえておかなければならない。繰り返しになるが、まずは「分かる発音」なのだ。何を区別すべきかは、言語ごとに決まっている。先ほどのスペイン語だったら、巻き舌のｒでも、一回巻くのか、二、三回巻くのかを区別することが肝心である。

中南米を目指してスペイン語を独学している学生も、地道に巻き舌を練習しているようだ。

「中南米に行ってなにをするつもりなの？」

「ええ、グアテマラあたりで工場長にでもなりたいんですけど、あの、そういうのってどうやったらなれるんでしょうかね?」

それはわたしの管轄外である。とにかく、この青年が現地で美しい巻き舌を響かせる日の来ることを心から祈っている。

「日常会話」という幻想

外国語学習の目指すレベルとして、「日常会話ぐらいは」という人がいる。甚だあいまいな表現だが、これはいったい何を意味するのだろうか？

外国語の運用能力にもいろいろある。挨拶しかできないというものから、難しい専門用語を駆使することができるレベルまで、実にさまざまだ。まあ、専門レベルはちょっとたいへんそうだし（それにそういう難しそうなことは日本語でもちょっと……）、そんな特殊なことではなくて、日常的にふつうに使っている程度ができれば十分満足。それだったら、そんなに難しくもないはず。せめてそれぐらいは外国語でもできるようになりたい。

では、あなたは日常、どんな会話をしているだろうか？　ためしに一日中の自分の発話を録音して吹き込んでみるといい。いやいや、しかしそこまでしなくても、少し考えてみればそんな単純なものではないことが想像つくことと思う。

たとえば夕食のときの話題（一人暮らしの人だったら、親しい友人と喫茶店で一時間ぐらいおしゃべりしているところを思い浮かべてほしい)。日本語のネイティヴであるあなたは、たとえ日本語の文法は詳しく知らなくても、あらゆる活用形や構文を使い、複雑な文を作っているはずだ。「易しい会話だからあまり使わない文法事項」というのは、文語的なものを除けばほとんどない。ということは、もし日常会話に不自由のないレベルを目指すのであれば、文法は一通り使いこなせなければならない。

次に語彙。いったいどれぐらいの語彙を使っているかは各個人のヴォキャブラリーにもよるし、統計の取り方によってもさまざまな結果が出るだろうが、決して少なくはない。小学生用の辞典である金田一京助編『例解学習国語辞典』(小学館、一九九八年)をめくってみる。なかなか難しい語や慣用句、固有名詞なども含まれているが、大人だったらだいたいは知っているし、ふだんから使っているのも多い。これで二万八〇〇〇語ぐらい。単語はかなりのストックがないとふつうの会話もできない。

これを外国語に置き換えてみれば、日常会話のためには、文法も語彙もかなり身についていなければならないことが想像つく。どうやらあまり楽でもなさそうだ。

さらに話題。気軽なおしゃべりを楽しんでいるとき、その話題は多岐に及ぶ。さらにレアリア、すなわち言語外現実を把握していなければ理解できない話題が多い。いくら文法が分かっていて語彙が豊富であっても、たとえば外国人の家に招待されて家族同士の会話をそばで聞いて理解するのはとてもたいへんである〔そう、どこでも家族はことばを超えたところで共通に理解し合うところが多い。イタリアの作家ナタリア・ギンズブルグ『ある家族の会話』(須賀敦子訳、白水社、一九八五年)を読んでみるといい〕。こうなってくると、もはや単なる言語の問題ではない。

日常会話をナメテはいけない。日常会話はある意味では会話能力の総決算、最高段階なのである。知識がしっかりあれば、語彙が限定されている専門分野での会話のほうがむしろ楽なのだ。

しかし、そんな高い（そう、ある意味ではとても高い）レベルの外国語を目指す必要もないのではないか？　外国人同士の日常会話だったら、べつに理解する必要もない。こちらに向かって発せられたメッセージでもない限り、分からないからといって何も困らないはずである。

ある真面目な人が英語圏へ行った。地下鉄に乗っていたら車内で現地の人が二人おしゃべりをしていた。耳を傾けてみたがちっとも分からない。その人は自分の英語能力はまだまだだと思ってがっかりしたそうだ。

まったくナンセンスである。他人の会話なんて、よく分からなくて当然なのだ。そんなものはたとえ日本語だって分かるとは限らない。その上、地下鉄の中だったら雑音が多いから、そもそもよく聞こえないのがふつうではないか！

外国語の目標レベルを設定するのは、実はなかなか厄介だ。むしろある狭い専門分野に絞ったほうが（たとえば金属工学の論文が読めるレベルなど）、なんとか目標を達成できるかもしれない。それでも会話となると、やっぱり難しいだろう（なにしろ話題を振るのはこちらばかりではないのだから）。

間違いなくいえるのは、自分の母語（わたしたちにとって多くの場合は日本語）のレベルを超えるような外国語習得は、絶対に不可能だということだ。日本語を、それこそ日常どのように使っているかが外国語にも必ず反映するのである。

外国語を学習していくと、必ず母語のことを考えなければならなくなる。

外国語学習にとって最も大切なこと

この章をここまで読み進めてこられた読者は、「わぁー、なんだか厳しいことが書いてあるなあ」と感じられたかもしれない。ちょっと過激だったかな、とも思う。ごめんなさい。べつにみなさんを責めているわけではありません。ただ人というものは、あることを信じ込んでしまうとそれをなかなか訂正できないもので、しかもなぜか何の根拠もないものほど、頑なに信じ込んでしまう傾向がある。それを打ち破るためには多少のショック療法も必要かと判断したのである。

さて、この節の題名には、みなさん期待を寄せていることだろう。なにか秘訣でも伝授してくれるのではとお考えだろうか？　外国語学習の本にはこの種のテーマがつきものである。しかし多くの場合は常識的なことだったり、反対に実行不可能なことだったりする。あまり実用的でないこともよくある。

ではわたしの考えはどうかというと、常識かどうか、とにかく呆れるような内容である。しかしこれこそが必要だと心から信じているのだ。

外国語学習にとって最も大切なこと、それは**やめないこと**である。

「続けること」なんていう積極的なものではない。とにかくやめない。諦め悪く、いつまでたってもその外国語と付き合っていこうという、潔くない未練たらしい態度が必要なのである。

大学では外国語学部に籍を置き、夜の語学学校でも勉強をしてきたが、思い返してみればわたしより優秀な人はいくらでもいた。そういう人は授業中なんかも必ずキチンと答えるし、宿題はやってきているし、そもそも前回やった内容をしっかりと身につけていた。わたしはといえば、うまく答えられなかったり、宿題がちゃんとできていなかったり、そもそも文法事項がキチンと頭に入っていなかったり、さらには二日酔いだったりしてボロボロだった。けれども授業は休まなかった。恥ずかしい思いをしながらも諦めなかった。

しかも不思議なことに優秀な人というのは、あるレベルに達すると「わたしの○○語はこれでもう十分である」とキッパリ判断し、あれほど熱心だった学習をパタリと停止してしまうのだ。先生はたいてい残念がるのだが、本人はあっさりとやめてしまう。こちらは先生から「たいして効果も上がらないのにまだやっているのか？」と呆れられながらも、諦め悪くまたノコノコと教室に向かっていたのだった。

いまでこそ教師なんていう「偉そうな」稼業をやっているが、あの優秀な人たちが本気で研究者を目指したなら、わたしなんてきっとかなわなかったと思う。

わたしがやったのは、やめないことだけだった。

そりゃあ、わたしだって勉強がいやになったこともある。でもそういうときは、たとえばロシア語に飽き飽きしても、ロシア映画を見たり、ロシア文学を読んだり、ロシア美術全集を眺めたり、ロシア料理を食べたり、とにかく何かしらロシアと関係のあることをして気分転換をした。そのうちに「ロシア語イヤイヤ病」も治まり、また性懲りもなく勉強を続ける、そんなことの繰り返しだった。

潔いのはカッコいい。物事、白黒ハッキリさせるほうが気持ちいい。そう考える人も多いだろう。でもわたしは違っていた。どうせ完璧なんて無理なんだから、中途半端でも構わないじゃない？ そんなに目くじら立てないで、楽しく勉強しようよ。べつになにかに追いかけられているわけではないし。そう、外国語ができなくたって、死ぬわけじゃないでしょ。

わたしはそういういい加減な人間なのである。でも、おかげさまで外国語をここまでやめずにきました。外国語の学習はキッチリやることが王道である。でもいい加減な人間にはまたそれなりの方法があるんじゃないかと考えている。

いまでもわたしは、諦め悪く、いくつかの外国語をやめないでいる。

第iii章

学習法としての
言語学入門

わたしは大学で「外国語学習のための言語学入門」という授業を担当していた。言語学の知識がまったくない理系学生を相手に、なるべく専門用語を使わないで、易しく講義することができないものかと模索した、実験的な授業であった。この章ではそのときの講義ノートとともに、外国語学習と言語学の関係を眺めていく。

授業中は学生にただボーッと話を聞くだけではなく、積極的に授業に参加してもらいたいと考え、講義の後で筆記形式の設問に毎回答えてもらった。そこで実際に学生の書いた答案より、興味深いものの一部を紹介する。

なお、解答例は一部訂正、省略したものがある。

言語学とは何をするのか?

この章では、言語学の中から外国語学習に役立つことを中心に述べていく。ただしここで勘違いしてはいけないのは、言語学とは外国語学習のためにある、実用的な学問だと考えてしまうことである。そうではない。言語学は一つの学問分野であって、それは生物学とか物理学といったものと同じなのだ。もちろん、たとえば生物学の成果を応用すれば、バイオテクノロジーによって新しい野菜が生まれたり、クローン羊を作ることができたりする。だからといって、生物学はクローン羊を作ることを究極の目的としているとはいえないはずだ。これは言語学でも同じことである。

本来、言語学にはさまざまな方向からのアプローチが可能である。しかしここでは「外国語学習」という目的がはっきりと決まっているので、たとえば抽象的な理論は扱わないことにして、ことばを理解するためにそのしくみを調べていくのに重点を置きたいと思う。

また他の学問と同様に、言語学にもさまざまな隣接分野がある。たとえば哲学、論理学、文学、生理学などは、どれも言語学と密接な関係にある。しかしここでも「外国語学習」というテーマから考えて直接に関係がない限り、これらの学問はこの際、無視することにする。

言語学の諸分野

しかしこのようにいろいろなものを切り捨ててしまうと、「木を見て森を見ず」ということにもなりかねない。そこで少しだけ、いわゆる「言語学」の課題というものを見ておこう。下に言語学の中のさまざまな分野の名称とその目的が表にしてまとめてある。

ここには初めて聞くような用語がたくさん並んでおり、しかも英語の名称まで挙がっていると、なんだかとても難しそうに見えてしまう。もちろんこれは一つの学問分野の中身を示しているのだから、ある程度は難しそうで当然である。でも、この諸分野のすべてが外国語学習に関係あるわけではない。ここではあくまでも言語学の中身をちょっと紹介したまでで、この先もべつにこの分類

○(補助科学)音声学(phonetics):	調音記述・音素分析
○具体的研究(個別言語研究、対照研究)	
1. 記述研究(descriptive study)・記述方法:	共時態、構造・体系
(1) 音韻論(phonology):	音形記述
(2) 文法論(grammar):	
1)形態論(morphology):	語の構造・構成
2)統辞論(syntax):	文の構造・構成
(3) 語彙論(lexicology):	語の体系・特徴
(4) 意味論(semantics):	意味領域の特徴
(5) 語用論(pragmatics):	語の役割・効用
談話分析(discourse analysis):	連文表現の構成・展開
2. 歴史研究(historical study)・比較方法:	通時態、辞項・体系変化、比較方法
3. 言語地理学(linguistic geography):	地理的分布の解析

大江孝男・湯川恭敏『言語学』(放送大学教材、日本放送出版協会、1994年)より

に従って話を進めていくつもりはない。もちろん、この表を覚える必要などはないのである。

ことばは音が基本

ではこの章のために必要な予備知識をいくつか話しておこう。

まず是非覚えておいてもらいたいのは、ことばは音が基本であるということである。学校英語の学習のせいで「ことばは単語からなっている」と信じていたり、綴りを覚える必要性から、ことばをどうしても文字中心に考えてしまう傾向がある。しかし、人間のことばの基本はやはり音なのだ。たとえ文字のないことばはあっても、音のないことばというのはないのである。

もちろん、死んでしまったことば、つまりいまでは使われなくなってしまったことばというのはある。そのようなことばは現在では文字しか残っていないことが多いので、一見、文字が基本のように見えるかもしれない。たとえばヨーロッパ世界の古典語である古代ギリシア語やラテン語などがそうだ（もっともラテン語の場合は、バチカンの僧侶たちの間ではいまでも会話に使われているそうだから、一概に死語ともいえないだろう）。また日本語の古文にしても、一部のお芝居などを除けばふつう会話に使われることはなく、もっぱら書きことばが中心のように見えてしまいがちである。でもこのようなことばにも、古い時代に日本人が話していたことばがある程度反映されているわけで、その基盤となるのはもちろん音なのだ。

これは、たとえば英語学習ではリスリングを重視すべきだ、ということではない。それはまた別のテーマである。ここではただ、ことばは音から成っているということを強調しておきたい。

共時態研究の重要性

ことばの研究というと、すなわち語源を調べることだ、というような考え方がある。確かに長い間、言語学=言語の歴史であると考えている人が大勢いた。ただしことばの研究にはもう一つ、ことばがある時（多くの場合は現在の時点で）ある場所で、どのようになっているかを調べるという方法もあるのである。

言語学では、ことばがいかに変化してきたかという歴史にポイントを置く研究を通時態(diachronic)研究といい、それに対して、ことばある時ある場所でどうなっているかという点にポイントを置く研究を共時態(synchronic)研究という。十九世紀、スイスの言語学者ソシュールは、この共時態研究を通時態研究よりも上に位置付け、すなわち重要視して、現在でもこの見解が一般的となっている。これはそれまでの言語学が歴史中心だったことへのアンチテーゼなのだが、ことばを研究するうえで過去にばかり目がいって現在を見つめないというのは、やはりおかしなことではないだろうか？

とはいっても、通時態研究は価値がない、というのでは決してない。わたしの卒業論文と修士論文のテーマは中世ロシア語で書かれた文献の分析という、ある意味で通時的な研究だった。このような研究も現代ロシア語を正しくとらえるためにとても重要だと信じているのだが……。

レアリアについて

このように考えていくと、ことばをとらえるために大事なことは、音を中心とした共時的な視点であるということになる。このあとの話も基本は常にこの原則にあるわけなので、忘れないようにしてください。

その他にもう一つ、ことばを学んでいくうえで大切なことに、言語外現実（レアリア）というのがある。これは「ある時期の生活や文芸作品などに特徴的な細かい事実や具体的データ」というふうに定義されている。ある言語が話されている社会や時代のいわば常識ともいうべき、みんなが認識している事柄である。外国語を学ぶという行為は自分にとっては未知の社会（あるいは時代）の文化を学ぶこと。そのことばで表される内容は当然このレアリアに基づいているわけで、その知識なしにはいくら文法をとらえたとしても、正しく理解したとはいえない。実は外国語学習にとっては、このレアリアを学ぶことは文法を学ぶことと同じくらい重要なことなのである。

ただしいかに重要とはいえレアリアは言語学の分野ではないし、外国語学習そのものでもない。またレアリアはそれぞれのことばに付随している具体的なものなので、ことば一般をとらえようとするときには向いていない（つまり、話がしにくい）のである。そこでレアリアは外国語学習にとても大切であるということを強調しつつも、ここではとりあげないことにする。

あなたにとって外国語とは？

日本人の多くは中学のときから英語を勉強する。しかし「外国語の学習方法」は勉強したことがないのではなかろうか。みなさんはいままでどのようにして英語を勉強してきたのだろうか？　そしてそれは効果があったのだろうか？　その方法は第二外国語を学ぶにあたって役に立っただろうか？

この質問にうまく答えられる人は、これ以上読み進める必要がないかもしれない。しかし、英語の実力はともかく外国語の勉強の仕方についてはあまり自信がない、英語はまあまあだけど第二外国語はちっともうまくいかなかった、あるいはこの先さらにさまざまな外国語を学んでみたい、という人にはこれからの話は有意義だろう。

外国語の習得にはコツがある。そのコツなるものを言語学の中に求めていく。この章の目的はこの点にあるのだ。

どんなことばを学習するのか？

基本的なことだが、現在この地球上には言語がいくつ存在するのだろうか？　フランス・アカデミーの計算によれば少なくとも二七九六の言語が話されているとのことだ（ベルリッツ・チャールズ『ベルリッツの世界言葉百科』新潮選書、一九八三年、七ページ）。いったい何を根拠にこのような数字が出るのかは皆目不明だが、少なくともこれはあまり信用できない気がする。

言語の数え方

まずどうやって言語を数えていくかという問題がある。いったい何をもって一言語とするのだろうか？

言語の数と国の数は一致しない、ということは何となく想像できるのではないだろうか。かつて、日本では誰もが日本語を話すのだと信じられてきた。もちろん、アイヌ語の存在一つとってもそんなことはデタラメだとすぐ分かるのだが、ただ日本語を使う人が数として圧倒的に多いので、ついそんなふうに考えてしまう傾向があったのだ。しかしそれが行き過ぎると、世界の言語の数は独立国の数と同じであるという乱暴な結論に達する危険性がある。

もちろんそうではない。一つの国の中に一つの言語しかない、少なくとも圧倒的多数を占めているというほうが、むしろ例外的なのだ。いわゆる多言語国家といわれる国のほうがふつうである。たとえば中国では北京のことばを中心にして作ったいわゆる中国語（普通話）が有力だが、広東語、上海語、福建語など、実際にはさまざまな言語が存在し、中には通訳がいなければコミュニケーションができないほど隔たった言語もあるほどだ。旧ソ連には一五の共和国があり、ロシア以外ではその一つひとつにロシア語と並んでそれぞれの公用語があった。それだけではなく、さらに共和国内の自治共和国にはこれまたそれぞれの言語があり、また自治共和国を形成していない民族がそれぞれの言語をもっていることもある。インドでは公用語といわれるものだけでも英語やヒンディー語など一八言語あり、インドの紙幣にはこのうち一四言語で一〇種類の文字が印刷されている。もちろんそれ以外にも多くの言語が存在しているのだ〔お札に関していえば旧ソ連の紙幣もそうで、一〇ルーブリ（ルーブリは貨幣単位）紙幣だったら一五共和国の一五言語で一〇ルーブリと書いてあった〕。

その他にも世界各地にさまざまなエスニック・グループが存在している。アメリカは英語だけではないということはご存じだろうか。もしニューヨークで新聞を買おうと思ったら、まず何語の新聞を買うかということに注意しなければならない。ふつうの町のキオスクでも、スペイン語やギリシア語、中国語やロシア語の新聞が売られているのだ。もちろんアメリカが国家、あるいは州ごとに認めている言語は限られているが、実際にはさまざまな言語で新聞や雑誌だけでなく書籍などの出版活動が幅広くおこなわれており、街の看板にはいろいろな文字が躍っているのである（わたし個人はこういう多言語社会が好きなのだが）。

最近の日本はどうだろうか？　たとえば東京にもさまざまなエスニック・グループが存在している。見るからに日本人と違う人でさえずいぶんいるのだから、一見、外国人とは見分けがつかないような東アジア系の人を含めたら、はるかに多いのだろう。一時は「赤坂の韓国、新宿の中国、池袋のバングラデシュ」などともいわれていたが、いまではどこでもいろいろな民族がいる。横浜中華街や新宿大久保百人町コリアタウンは、街を歩いて看板を眺めるだけでも楽しい。最近ではいろいろなことばでミニコミ紙が発行され、ラジオ放送が流れ、また地方自治体がさまざまな言語で広報を発行していたりする。すでに日本は日本語だけの世界ではないのだ。

このエスニック・グループの話になると、言語は民族と切っても切れない関係にあることが分かる。それでは言語の数はすなわち民族の数なのだろうか？

これもそうだとはいえない。

ヨーロッパのバルカン半島にかつてユーゴスラヴィア社会主義連邦共和国という国があり、最近まで戦争状態だったことはまだ記憶に新しいところかと思う。この国では、「七つの国（ギリシア、オーストリア、イタリア、ハンガリー、ルーマニア、ブルガリア、アルバニア）と国境を接し、六つの共和国（セルビア、クロアチア、ボスニア・ヘルツェゴヴィナ、モンテネグロ、マケドニア、スロヴェニア）を有し、五つの民族（セルビア人、クロアチア人、ボスニア人、マケドニア人、スロヴェニア人）が住み、四つの言語（セルビア語、クロアチア語、マケドニア語、スロヴェニア語）を話し、三つの宗教（カトリック、正教、イスラム教）があり、二つの文字（ラテン文字とキリル文字）を使っているが、それでも国は一つ」

というような理想的な数合わせスローガンがあったのだが、結果はご存じのとおりだ。さてその中で言語の問題を考えてみると、マケドニアとスロヴェニア以外はみな非常に近いことばを話していた。ときにはセルビア語とクロアチア語を合わせて、「セルビア・クロアチア語」というような言い方もあった。しかし戦争の結果、この二つは絶対に一つには融合しないものとなり、共和国もほとんどがばらばらになってしまったのである。さらに、最近『ボスニア語』という題名の教科書を手に入れた！(Fatima Pelsić-Muminović, *Bosanski jezik—Bosnian Language*, Sarajevo, 1997) そんな言語はわたしがユーゴスラヴィアを訪れた十五年前には存在しなかった。とはいっても戦争で分断されているうちに急にことばが変わってしまったとも思えない。

つまり、言語区分というのはある種のイデオロギーを反映するところがあるのだ。ボスニア国にはボスニア語、何の不思議があろうかといわれればまさにそのとおりだ。これは物事をとらえる視点の問題である。

その他にも、違う言語を使っているのにお互いコミュニケーションにはほとんど困らないということもある。デンマーク語とノルウェー語はお互い通じるという。チェコ語とスロヴァキア語もそうだ(わたしはかつて、自分ではチェコ語を話しているつもりなのに、相手からスロヴァキア語がうまいと誉められ、たいへん複雑な気持ちになったことがある)。かと思えば、中国語やアラビア語のように地方による差が大きく、同じ言語を使っているつもりなのにコミュニケーションが難しいといった場合さえある。どこまでが方言で、どこからが独立した言語と考えればよいのか？ これはたいへん微妙な問題なのである。

実際、ナントカ語というのは言語学的基盤ではない。これは政治的、あるいは歴史的な問題であり、言語学の立場から判断できることではない。

したがってはじめの質問、現在この地球上には言語がいくつ存在するのだろうかという問いに対して、言語学はその正確な解答を出すことができない。現在ではおよそ三千から八千はあるだろうといわれているが、このように大きなずれが見られるのは以上のような理由からなのである。

言語間の関係について

ところで、とにかくものすごくたくさんあるこの言語、これらはお互いに関係なくバラバラに存在しているのだろうか？

言語学の最大の成果といわれるものに、比較言語学というのがある。これは一七八六年にイギリス人ウイリアム・ジョーンズという人がインドのカルカッタでおこなった講演中、サンスクリット語、ギリシア語、ラテン語などに失われた共通の源があったのではないか、という指摘があったのをきっかけに始まった、言語の系統を歴史的に分類する作業をおこなう学問である。この比較言語学は見事な成果を上げ、この先これ以上の成果は言語学では期待できないだろうとまでいわれている。

この考え方に従って、一つのことばが分かれていって生まれた諸言語のグループを「語族」という。また、はっきりと証明することはできないがおそらくは語族同様の関係があったと考えられるものを「諸語」という（ただしそれ以外にも、単に「さまざまな言語」という意味で「諸語」を用いることもある。その場合には系統がはっきり証明されているものに対しても「諸語」というので注意が必要である）。とはいえ、実際には関係がはっきりと分からないままの言語もかなり多い。

次に語族、諸語の例を挙げる（語派とは語族の下位区分である）。

この関係をしっかりと頭にたたき込んでおく必要はない。ただし外国語学習の立場から考えて大切なのは、系統が近い言語は「似ている」可能性が高いということだ。

もちろんそれだけではない。しかし、たとえばフランス語とスペイン語とイタリア語は系統的に近い関係にあるので、語彙や文法でも共通するものが多い。したがって、たとえばすでにフランス語を知っている人にとってはスペイン語の学習が易しく感じられるということがある。ロシア語とポーランド語の関係でもそうだ。

ただし、われわれ外国人はこのことにあまり期待しすぎないよう注意してほしい。フランス語ができるといっても、大学の第二外国語で少々得意だったくらいでは、スペイン語の学習にそれほど関係ない。また似ているがゆえにかえって間違いやすいこともたくさんあるから、利点ばかりではないのだ。

先の表には日本語が入っていない。実は日本語の系統は未だに不明なのである。ときどき、日本語

インド・ヨーロッパ語族
ゲルマン語派：英語、ドイツ語、スウェーデン語……
ロマンス語派：フランス語、スペイン語、イタリア語……
スラヴ語派：ロシア語、ポーランド語、ブルガリア語……
イラン語派：ペルシャ語、クルド語……
インド語派：ヒンディー語、ウルドゥー語、ネパール語……

ウラル語族
フィンランド語、ハンガリー語……

アルタイ諸語
トルコ語、モンゴル語……

アフロ・アジア語族（セム・ハム語族）
アラビア語、ヘブライ語……

モン・クメール諸語
カンボジア語、ヴェトナム語……

シナ・チベット語族
中国語、タイ語、チベット語……

オーストロネシア語族
インドネシア語、タガログ語……

の祖先はこれだ、というようなセンセーショナルな学説がでるが、信用できるものは一つもない。たとえば韓国語と近い関係にあることはいろいろと指摘されているところである。しかしこれも、時代をかなりさかのぼればもしかしたら関係があるかもしれないが、証明することはできない、という程度にすぎない。日本でも朝鮮半島でも、古い時代の文字資料は漢文で書かれていることが多い点も、この研究を困難にしている一因だ。日本人にとっては韓国語は学習しやすい言語かもしれない。そういう宣伝文句の教材もたくさんある。確かに親しみやすいところはある。しかし実際に学習してみれば分かることだが、日本人にとってもこれはなかなか手ごわい言語で、マスターするためには他の外国語と同じように時間と努力が必要なのだ。

言語使用人口ベストテン

世界にはずいぶんと多くの言語があるが、それぞれの言語の使用人口はもちろん同じではない。使用人口の多い言語のベストテンを挙げてみると、たとえば次のようになる（ベルリッツ・チャールズ『ベルリッツの世界言葉百科』新潮選書、一九八三年、一一ページより）。

1．中国語　2．英語　3．ヒンディー語＋ウルドゥー語　4．ロシア語　5．スペイン語　6．日本語　7．ドイツ語　8．インドネシア語　9．ポルトガル語　10．フランス語（続いて、アラビア語、ベンガル語、イタリア語……）

もちろん統計の取り方によってこの順序は入れ替わるが、だいたい以上のような言語の話者が多いようだ。

いちばん多い中国語は、すでに何回か指摘したが必ずしも一枚岩ではないので、注意が必要だ。またヒンディー語はインドの、ウルドゥー語はパキスタンの公用語であり、それぞれ異なる文字を使っているが、実際に使われていることばはほとんど差がないので、この統計ではこのようにまとめている。もちろんこのようなまとめ方には、それなりに問題もある。

ここに挙げた言語ができれば、世界中の大多数の人と話ができると、統計上はなっている。しかしもちろん問題はそんな簡単なことではないし、第一、これだけの言語をある程度使いこなせるようになるのは、並み大抵のことではない。

いままではアプリオリに英語やロシア語などが存在していると考えていたかもしれないが、実はそれには何の根拠もない。一言語とは何かを決めるのはなかなか難しいことなのだが、それでもことばは存在し、日々使われている。そして言語はまったくばらばらに存在しているのではなく、お互いに同じ祖先を持っているとか、地理的に近いとかで、いろいろと繋がりを持っていることがある。また言語によっては数多くの人が話していたり、逆に話者の少ない言語など、いろいろとある。ただし、使用人口が少ないからといって学ぶ価値がないということには決して結び付かないのである。

テスト1

エスニック・グループとの接触について、個人的な体験を述べなさい（メディアを通したものでもよい）。

［解答例1］上野で歩いていたら、エスニックな人に、偽造テレホンカードを売られそうになったけど、いらないから逃げた。

［解説］出題者はこの「エスニック」という単語を、単に「民族」という意味で使ったのだが、学生の多くはインドや中東など、いわゆる「辛い料理が名物の地域」ととらえていることが分かった。これは次の講義のはじめに解説しておいた。

［解答例2］秋葉原の店には数ヶ国語で「免税店」という言葉が書いてあるし、実際アジア系の人がたくさん歩いてる。ちょっときれいな人を見たが、日本語でない言葉を話していて残念。

［解答例3］サークルやクラスコンパ等でよく自由が丘の「〇〇」に行くのですが、東南アジア系の店員が多く、オーダー取るのもカタコトの日本語でがんばっている人が多いのです。

［解説］典型的な例かもしれない。現在、東京近郊で暮らしていれば、誰にでもなんらかの経験があるようだ。多くの学生は差別意識ではなく、現実をありのままにとらえている。

人間の言語とサルの「言語」との違い

言語は記号である、といわれている。ここでは記号論をとりあげる。この「記号」とか「記号論」という用語は、いろいろな分野で広く用いられているため、誤解を招きやすく、注意が必要である。

記号と象徴はどう違うか?

はじめに定義を紹介しておこう。記号（sign）とはメッセージを伝えるとき、それを表すために用いる知覚可能な手段を指す。

これに対してもう一つ、記号と混同しやすいものに象徴（symbol）というものがある。象徴も記号と非常に似た概念なのだが、象徴の場合、表すものと表されるものの間の関係が自然的・必然的であるのに対し、記号は偶然に結びついているというところが違う。たとえば「紅葉と秋」とか、「発熱と病気」といったものは、その関係が自然的・必然的なので象徴となる。一方、「モールス記号」や「ポケベル」などでは表しているものと表されているものとの関係が偶然のもので、単なる約束事に過ぎない。こういうものは記号であると考えるわけだ。この「偶然の結び付き」ということについては後で詳しく述べることにする。

言語学では以上のような定義をするのが一般的なのだが、困ったことにこの「記号」と「象徴」という二つの用語は人によっていろいろな使われ方をし、ときにはまったく逆の意味で使われていることすらある。理系的発想からみるとこのような混乱はちょっと信じられないかもしれないが、文系、とくに哲学などの分野の用語の使い方ではこういったことがときどきある。

いままでに比べてずいぶんと抽象的なところから話が始まったが、テーマは「何が言語で、また何が言語でないのか」ということである。これを考えることにより、言語学の対象となる言語とは何か、ということを正しく認識するのがそのねらいだ。そのときの判断基準として、記号と象徴について少し触れておいたわけなのである。

たとえば「絵画の言語」などという表現をする人がいる。絵画も画家が鑑賞者にある一定のメッセージを送っているのだから、したがって「言語」であると主張するわけだ。しかし絵画の場合はやはり、記号というよりは象徴であり、この場合の「言語」という表現もまったくの比喩に過ぎない。当然、このような「言語」は言語学では扱わない。

どうも「言語学」とか「記号学」という用語はカッコよく響くのか、本の題名などでは乱用される傾向にある。中にはまったく違った分野にまでこのような用語が使われていることさえある。べつにそれがいけないというわけではないが、そういったものはわたしがここで対象としている言語学とはまったく関係がないということを指摘しておきたい。

動物の「言語」について

さて改めて「言語」とは何だろうか。もちろんここでは人間の言語をその対象としているのだが、それ以外の「言語」というものについても少し考えてみよう。それによって人間の言語の特徴が浮かび上がってくるはずだ。

はたして動物などに「言語」というものはあるのだろうか。

たとえばサルだ。サルは一五〜二〇種類の叫び声を使い分けて、警戒、命令、不安、喜びを表現するといわれている。またチンパンジーになると、三〇種類ほどの声を区別できるそうだ。その他にもオンドリは一〇種類ほどの鳴き声で欲求や感情に関係ある状況を伝えるそうだし、イルカは頭のいい哺乳類で、人間には聞こえない超音波を発して仲間と連絡をとることができるということは広く伝えられている。

さらに音声とは少し違うが、ミツバチは独特なダンスをすることで仲間に蜜のありかを教える習性があり、これをもってミツバチの「言語」であると主張する人もいる。

これらを言語と考えるかどうか、一般的に答えることは難しい。それぞれの人がさまざまな判断基準をもとに主張しているからである。

ただし言語学の立場から見ると、これらはふつう言語とはいえない。

言語学における「言語」とは何か?

それでは、言語学でいうところの「言語」とは何か、以下にその特徴を挙げよう。

第一の特徴は二重分節性(double articulation)である。

フランスの言語学者アンドレ・マルティネは次のようなことを指摘した。すべての言語にはメッセージを伝えるためのまとまり（＝文）がある。このまとまりは意味を持っている単位、いわゆる単語に必ず分けることができる。さらにその単語は、音の単位に分けることができる。このように二段階にわたって分けることができるので、これを二重分節という。ただしこの意味の単位も音の単位も、どのように分けるのかは言語ごとに決まっている。あらゆる言語にはこの音の並べ方の規則と単語の並べ方の規則がある。そしてその限りある規則を駆使することによって、ほとんど無限の文を作り出すことができるのである。

これはとてもあたりまえのことだ。しかしもしこの二重分節性がなかったら、たとえば意味の単位と音の単位が一致していたとしたら、百種類の単語を表すためには百種類の音を発音しなければならないことになってしまう。意味の単位にせよ、音の単位にせよ、少ない数の単位を組み合わせて多くのことを表現できるのが人間の言語の利点なのだ。こういうあたりまえのことをきちんと指摘できるのは、マルティネが優れた言語学者である証拠である。

第二の特徴は恣意性（arbitrariness）である。表現と内容の結びつきには必然性がまったくない、すなわち恣意的であるということだ。これは「記号」のところでも少し触れた。古くから人間が家畜として飼い、家の番などをさせる動物のことをinuと呼ぼうが、dogと呼ぼうが、pesと呼ぼうがそれはまったく構わないわけで、これこそが正しいというのはない（ただし、一人で勝手に決めてはだめですよ。言語は社会的なものなのである）。反対に同じ音でも、［luk］は英語では「見よ」という意味だが、ロシア語だったら「タマネギ」となる。

ただし、いわゆる擬声語（onomatopoeia）と一部の間投詞、それに赤ちゃんのことばはこの限りではない。動物の鳴き声や自然現象の音などは系統の違った言語でも似てくることがある（反対に全然似ていなくてこれまたショックをうけることもある。興味のある人は「ニワトリは何と鳴くか」ということをさまざまな言語で比較してみるとよいだろう）。

さらに線条性（linearity）というのが挙げられる。これは言語は時間の流れに沿って一定の順番でメッセージを伝えるということである。話しことばはもちろん、書きことばでも文字を順に追うことによってメッセージを受けるわけだから、やはり線条性があるわけだ（もっとも、中には「速読」などと称してこの原則に逆らうように見えるものもある）。

その他にもいろいろと考えられる。たとえば人間の言語は男でも女でも大人でも子供でも、同じ基準に基づいている（同じことばを話しているということではない）。しかしこれがたとえば昆虫などでは、オスは鳴くけれどメスは鳴かないなどという場合がある。

また人間の言語は、自分が行ったことのない場所やよく知らない過去、はっきりしない未来のことなど、実際には経験していないことを他の人に伝えることができる。また嘘をつくこともできる。しかし動物の場合、たとえば犬は嬉しければシッポを振るので喜んでいることが一目瞭然だ。これが人間だと、すました顔でさらりと嘘をついたりできる。

人間の言語と動物の「言語」は大きく違う

さて、以上のような特徴をもとに動物の「言語」を考えていこう。

まず二重分節性はどうだろうか。いくらサルやチンパンジーが何種類もの鳴き声を使い分けているとはいっても、それを単語や、さらには個々の音の単位にまで分けられるかを考えてみると、ちょっと無理だと思う。また、さまざまな規則を組み合わせることによって新しい文を作ることも、どうやらできそうにない。

恣意性についてはどうか。動物の鳴き声はやはり擬声語に近く、完全に恣意的であるとはいえないはずだ。

また動物は過去や未来を語ることができるのだろうか。嘘がつけるのだろうか。これらの点はまだ証明されていないというのが現状だと思う。サルやミツバチの送るメッセージは確かに記号ではあるが、それは人間の言語とは構造的にかなり違ったものなのだ。ところが人間の言語はすべて先ほどのような特徴を持ち、どの言語でもあらゆる内容のことをほぼ無限に表現することができる。これは人間のどの言語でも常にそうなのである。

人間の言葉はすべて同じ基準

ときどき誤解されていることがあるのでここで強調しておくが、いわゆる「未開」社会の言語は、「文明」社会の言語とサルの「言語」の中間に位置するものでは決してない。自然と接して生きている人たちのことばは動物の鳴き声に近いと考えるのはとんでもないことだ。ときどき、ナントカ語には文法がない、ただ単語を並べているだけでそういう言語は野蛮なんだ、などというとんでもない主張をする人がいる（だったら他のヨーロッパの諸言語に比べて変化の少ない英語はどうなのだろうか？）。語尾変化が複雑なほど「高級な言語」だと勘違いしている人もいる。

また「文明」社会の言語は複雑なことを表すことができるが、「未開」社会の言語は単純なことしかいえない、というのでもない。どの言語もそれぞれの社会で使用されるのにふさわしい機能を備えているのだ。この点についてはまた別のときに指摘したい。

確かに、「ドリトル先生」のように動物たちと話ができればなあ、と考えるのは楽しいことかもしれない。しかしこれに対して言語学はあまり役に立ちそうにない。動物などの「言語」について研究するためには、また別の基準が必要かと思う。

どんなものでも人間の言語であれば、同じ基準からできている。したがって習得の可能性があるはずである。人は誰でも、ある言語が話されている環境に育てばその土地の言語を身につけるのである。みなさんが日本語を話せるというのは、それはみなさんが日本人だからではなく、日本語を話す環境で育ったか、あるいは日本語を学習したからなのだ。ところが犬がいくらある言語を話す環境にいても、その言語を習得することはない（うちの犬は家族のいうことが分かる、という人がいる。気持ちは分かるのだが、それはあくまでも比喩ですよ）。言語は後天的なものであるというのも、人間の言語のもう一つの特徴なのである。

テスト2

チンパンジーは「言語」をもっているのだろうか。あなたが考えるところを述べなさい。

［解答例1］言語学的に言うならば、チンパンジーは言語を持たないことが分かったが、チンパンジー社会には必要なだけの音記号や表情の記号があることは言えると思う。故に「チンパンジー社会内言語」はある。カナ？

［解答例2］チンパンジーは「言語」を持っていない。もしあるならば動物園のチンパンジーは協力して逃げられるはず。逃げないのは、よっぽど動物園が好きか、そこまでコミュニケーションがとれていないかのどちらかだ。

［解答例3］チンパンジーは特定の「音」を発することによって、自分の意思を伝えることができる。これは立派な「言語」であると思う。そもそも「言語」とは自分の意思を伝えるためにできたものであって、チンパンジーの「言語」は人間のものより伝えることのできる内容は少ないけれども、意思を伝えることができている。つまり「言語」なのである。

［解説］これは質問をあいまいにして、学生にある程度自由に考えてもらった。とくに正解というものはないと思う。ただ、人間の言語とは明らかに違うということを理解してもらいたかった。

発音記号で音をイメージする

ここまではイントロダクションとして、ことばをどうとらえるか、そもそもことばとは何か、ということを考えてきた。これからは言語学のテーマであるさまざまな分野を具体的に見ていくことにしよう。

「音」とは何か

まずは音だ。いちばん初めでも触れたが、ことばは音が基本である。その音を分析・分類し、どのように発音されるか（これを調音という）を調べる研究分野があり、これを音声学という。

世の中にはさまざまな「聞こえてくるもの」がある。これは一定の波長をもって空気を伝わり、耳に入って鼓膜を震わせる（もっとも、この定義は不完全である。喧噪の中でも必要な音のみを聞き分けることができる。単に鼓膜の振動が音ではないのだ。しかしここでは物理的なものに話を限定するため、敢えてこのようにしておく）。もちろん、聞こえてくるものの中には、物がぶつかったり、こすれたりすることによって生じるものがある。その中にいわゆる「口から発せられる音」があり、これを声という。しかし声といっても動物や鳥などさまざまな生き物が声を出している。その中に「人間の声」がある。ところが人間の出す声にも、クシャミやシャックリといったものもある。これらを除いたものの中に「人間の言葉の声」というものがあり、これがすなわち言語音だ。そしてこの音こそが音声学の研究対象なのだ（西江雅之『ことばを追って』大修館書店、一九八九年。とくに「音・声・音声〈アフリカで口承伝承から学んだこと〉」を参照）。

発音記号の役割

音を記述するために広く用いられている記号がある。この記号を国際音声字母（International Phonetic Alphabet, IPA）という。これは「音標文字」「発音記号」などとも呼ばれる。多くの方は英語の辞書などですでにお馴染みかもしれない。この記号はイギリスの国際音声学協会で定められたもので、基本的には英語のアルファベットの小文字を用いるが、中には付属記号がついていたり、見たこともない形があったりする。そしてこのＩＰＡは角かっこ［］に入れて用いる。

音声学を学習するに当たってまずはじめに覚えることは、この国際音声字母を一通り暗記することだ。そして実際に一つひとつの音を正確に発音できるようになることが必要である。さらに誰かが発音した音を聞いて、それを正しく認識し、この国際音声字母を使って記述できるようにならなければならない。このような能力を身につけるためには、一定の努力が必要である。人の話を聞いているだけではもちろんだめで、実際に発音をしてみて、それを矯正していかなければならない。音声学を修めた言語学者は、さまざまな「辺境地」へ出かけていって調査をし、その結果得られたデータをこの国際音声字母で書き表すことができるのだ。

かつての英語教育ではこの国際音声字母がたいへん重視され、世代によっては中学校の英語の時間に英単語のスペルを覚えるのと並行して、この「発音記号」を学んだこともあった。確かに英語のようなスペルと発音の関係が一見分かりにくい言語を学習する場合には、この方法がある程度有効かもしれない。しかしこの国際音声字母はあくまでも音をイメージするためのものである。同じ記号を使っていたとしても、たとえば英語とフランス語ではその表す音が微妙に違っているということもある。これだけの記号で世界中のことばの音を記述しようというのだから、完璧というわけにはいかない。過信は禁物なので気をつける必要がある。

実践的な意味で音声学を身につけるためには、ある程度の努力が必要だ。しかしこの本にはカセットテープやCDが付いているわけではない。また音声学だけが目的でもないので、そんなに詳しくは扱えない。ただ、この国際音声字母というものはどのようなしくみになっているのか、どのような観点から分類してあるのかといったことを紹介したいと思う。

母音について

さて、言語の音についてそれほど積極的に学習したことがない人でも、音を「母音」と「子音」の二つに分けることはご存じの方が多いことだろう。ところがその違いを音響的に定義するとなると、そう簡単にはいかない。それはこの母音と子音という区別が、個々の言語における使われ方に基づいているところが大きいからである。

ただし日本語の場合はわりと簡単だ。「ん」「っ」以外で仮名の終わりの部分、たとえば「か」を延ばして発音していると聞こえてくる音（[a]）が母音で、はじめの部分（[k]）が子音だ。あまり学問的ではないのだが、「母音とは日本語だったらアイウエオ」というのは、そう間違ってもいない。それよりも詳しく定義しようとすると、たいへん複雑なことになってしまうのである。

ただし「すべての言語で母音といえばアイウエオである」というのは間違いだ。母音の種類は言語ごとに違っているのだから、決してアイウエオだけではない。

母音は子音のように舌や歯などが口の中のどこかに触れるとか、近づいて空気の流れを邪魔するようなことがなく発音される。そのため口の中のどこかを基準にして、母音を決めるのには無理がある。そこでイギリスの音声学者ダニエル・ジョーンズは、いくつかの母音を人為的に設定して、八つの基本母音を制定した。

口を横に引っ張って[i]の音を発音してみよう。やり過ぎると口の中で摩擦が起こり、日本語のや行のはじめの音（ＩＰＡでは[j]で表し、「ジュ」ではないので注意）のように擦れる音が出てしまう。また口を大きく開けて、舌を下げて唇はまるめないで発音すると[a]になる。さらに唇をまるめて[u]の音を発音する。これもやり過ぎるとやっぱり擦れてしまって、日本語のわ行のはじめの音[w]になってしまうので注意。この三つの音をつなげて、すなわち[i]↓[a]↓[u]へと口をゆったり開けたり閉じたりして発音すれば、その間にさまざまな母音があることが分かる。その中から八つを選んで分類したものが基本母音であり、たいへん人為的な作業なのである。分類するときのポイントは、①舌の位置（前か後ろか）②舌の高さ（上か下か）③唇の形（まるいかそうでないか）という三点である。

もちろん実際にはこの八つの基本母音の他にさまざまな中間に位置するものがある。たとえば日本語の「う」という音は舌が上の奥に来ている点では[u]と同じだが、唇はまるめないので[u]とは異なる音だ。ＩＰＡではmを逆さまにした記号を用いる。

余談だが、ＩＰＡの記号はなるべく英語のアルファベットをもとにして形が作られている。これは学問的な根拠というよりも、印刷上の便宜を考えての理由による。記号というのはちゃんと区別がつけばよいわけだから、わざわざ印刷所にないようなものを作って面倒なことをするのは得策ではない。実際、ＩＰＡの記号の中には日本の印刷事情上適さないものもあり、本によっては多少の改良を試みているものもある。

子音について

次に子音である。この子音の定義も正確にやろうとすればたいへん難しい。母音と違い、それだけでは発音が困難なものもある。ここでは「母音ではないもの」というような消極的な説明に止めておく（ずいぶん乱暴だが）。

子音は伝統的に「声」「調音点」「調音様式」の三点から分類する。

「声」とはすなわち「無声音」と「有声音」だ。簡単にいえば、音を出すとき声の響きがない、つまり声帯が振動していないものを無声音といい、声の響きがあり、声帯が振動しているものを有声音という。たとえば[p][t][k]は無声音、[b][v][d][g]は有声音である。

「調音点」は、音を出すときに肺から上がってくる空気を口の中のある部分を使って（たとえば歯茎や唇など）その流れを止めたり狭めたりするところである。

「調音様式」は、音を出すときに、たとえば空気を溜めてから一気に吐き出すのか、摩擦を使うのか、鼻から空気を抜くのか、といった方法である。

以上の他に、さまざまな微妙な差異を示すためさらに付属記号を用いることがある。繰り返しになるが、音声学だけでも一年間授業できるぐらいだから、ここでそのすべてをお話しすることはできない。実際にわたしも学生の頃に勉強した。先生がお手本の発音をしてみせて、それから学生一人ひとりが実際に発音したり、よく似た音を聞き分ける訓練をしたりという、たいへん実践的なものだった（まるで日本の「芸事」である）。ここでそれを再現するわけにはちょっといかないので、主な点だけに絞って紹介してみた。

世の中にはこんなすごい音もある

これまでに挙げたさまざまな音は、ヨーロッパの諸言語や日本語を表すためには十分かもしれない。しかし世界は広く、その他にもいろいろな調音方法で音を出すことばがある。そのいくつかを紹介しよう。

放出音（エジェクティブ）というのは、喉の奥の声門を閉鎖させて空気を溜め、その圧力を上げるときにでる音で、コーカサス（カフカス）地方のグルジア語などに見られる。喉の奥から「ポコン」とか「グエ」と音をたててきれいに響くのだが、わたしはどうやってもうまくいかない。

舌打音（クリック）というのは何種類かあるのだが、たとえば歯茎の付け根のところにちょっと舌先をつけて、それを急に引き離しながら息を吸って発音するものだ。舌打ちするときに出るような音である。これが単に子供のふざけた遊びではなくて、言語音として使われている場合があるのだ。こういうものはテープを聴いてみるしかない。

この放出音や舌打音が実際にどんな音か知りたければ、千野栄一監修『世界ことばの旅　地球上80

言語カタログ』（研究社ＣＤブックス、一九九三年）の中の「コサ語」を聴いてみるとよい。解説によると、コサ語は南アフリカ共和国の主要言語の一つで、六〇〇万人以上が話している。このＣＤにはコサ語の舌打ちによるさまざまな音の他、「ポコン」という見事な音が響く放出音が収録されている。かつてわたしはこの放出音を研究室の学生たちと一緒に聴いては、その見事さにため息をついていた。

さらにことばに関係するものとしては音調（トーン）というものがある。これは中国語の声調などでお馴染みかもしれないが、一つの音でもそれを高めに始めて下げたり、逆に低いところから上げたりすることでつくる。これについては次節で詳しく取り上げる。

いまでは外国語の教材としてテープやＣＤがあたりまえとなった。これはＩＰＡで音をイメージするよりもはるかに分かりやすい。実際に音が聴けるようになってから、外国語の学習はずいぶんと楽になっている。発音は初めが肝心だ。何度でも繰り返して聴こう。生身の人間と違ってテープは嫌がらずに同じ音を何回でも繰り返してくれる。有り難いことだ。

テスト3

あなたは[ɡ]と[ŋ]を使い分けていますか。気がつくところを書きなさい。

［解答例1］私自身はガ行の発音をするとき基本的には[ɡ]で発音することが多い。小学校

のころ、ガ行の発音には[ŋ]を使え、と言われたことがあったが(もちろん当時はそんな発音記号で習ったりはしなかったが)、あれを習ったときなぜか大いに抵抗感を覚え、わざと[g]を発音していた。

[解説]このような意見は他にもあった。「抵抗感を覚える」ということは、もともと持っていない音を強制されたという感覚を示している。現在では[ŋ]は[g]にとって代わられる傾向にある。

[解答例2][ŋ]という記号はどうもn+gに見えてしょうがない。ngというスペルが含まれている単語といえば、やはりyoung。その中でもとくに意識して使うのは、カラオケで西城秀樹の「YOUNG MAN」を歌うときである。

[解説]なんのことかお分かりだろうか? つまり歌の冒頭の「ヤングマン」というところを、実際には「ヤンマン」のように発音しているではないかといっているのだ。

一見ふざけているように見えるかもしれないが、これはたいへん優れた指摘である。日本語では「ん」は[p][b][m]の前で[m]になるので、本来ならば[jammaɴ]となるところであるが、この語が英語起源であることが意識されて、日本語の中に[-ŋm-]という、いままでにはあり得なかったパターンが現れているることを示している。この他にも英語のngという音が若い世代にとって非常に印象的であるのか、外来語では[ŋ]が本来の日本語では考えられないようなところで現れる傾向がある。これは[解答例1]で示した[ŋ]とは違う新しいもので、日本語音声研究の一つのテーマとなるだろう。

相手に分かってもらえる発音になる

前節のテーマが音声学、そしてこの節が音韻論、どうも音に関する話が続く。ここではこの音声学と音韻論のどこが違うのか、というところから話を始めよう。

音声学と音韻論の違い

音声学は音を物理学的にとらえていた。だから調音、すなわち唇や鼻や歯などをどのように使って実際に音を出すのか、ということが中心となった。しかしそれは現実にどのような音を出しているのか、という事実を示しているのに過ぎない。ところが言語というものは何かのメッセージ、すなわちある意味内容を聞き手に伝えるという機能がある。それに対して現実の音がすべて意味内容を伝えるのに関係があるわけではない。

音韻論というのは意味の区別を考えて音を整理するというのがテーマだ。現実にはＩＰＡが示すように、ずいぶんとたくさんの音がこの世にはあるが、ある言語で何かを伝えるときにこの全部を駆使しなければできないというわけではない（そんな言語があったらたいへんである）。それぞれの言語には、絶対に区別しなければいけない音と、区別をつけなくても意味を伝える上ではべつに困らない音がある。すぐに想像できるのは、英語のlとrに対する日本語の「ら行」のような場合だ。すなわち音声学は人間の言語におけるすべての音を分析・整理しているのに対して、音韻論は個々の言語の音をその対象としている。

このように音韻論のレベルで区別するのに必要な一つひとつの音を音素（phoneme）という。では、この音素というものを抽出するのにはどうしたらよいのだろう？

ここで出てくる考え方が「二項対立」というものだ。

日本語で考えてみよう。あさ「麻」とあざ「痣」という単語の場合、[asa]［aza］を比べてみればその違いは[s]と[z]だけだ。調音上では有声と無声の違いだけなのだが、この違いが二つの単語を違うものとしている。またてんき「天気」とペンキでは、［teŋki］と［peŋki］を比べてみると[t]と[p]だけが違うことが分かる。この二つはどちらも同じ無声閉鎖音で、その違いは調音点が歯茎か唇かというだけだ。でもこれが意味の違いの決め手になっている。このようにして比べていくことを二項対立という。そしてこの二項対立の結果得られた、最小対立を生み出す音こそが音韻論では大切な単位で、これが音素なのだ。音素は斜め線／／で囲んで、音声とは違うことを示す。

このように一つの意味を他の意味から区別する能力をもつ差異、言い換えれば「ここが違ったら別の意味になっちゃうよ」という違いを弁別的差異という。

英語ではrice（米）とlice（虱：複数）はまったく違うものなので（同じだったらたまらない）rとlは区別する必要があるが、日本語だったら［riŋo］と発音しようが［liŋo］と発音しようが、それによって誤解が生じることはない。「リンゴ」は「リンゴ」なのだ。もっとも [biŋŋo] といったら話は別だが。

実際の発音はどうなっているのか？

では音韻として同じならば、音声学的にも同じ音なのだろうか。

日本語で考えてみよう。たとえば

「さんにん（三人）」「さんまい（三枚）」「さんかい（三回）」「さん（三）」

といったとき、傍線部の音はどうなっているのだろうか。もしIPAを使って書けば、次のようになる。

[sannin] [sammai] [saŋkai] [saɴ]

このように実際にはどれも違った音だということが分かる。日本語の「ん」の音は、後にどのような音が来るかで違った調音がなされる。それには次のような規則がある。

「ん」の後が [t][d][n]ならば [n]：簡単 [kantaɴ] 感動 [kando:]
[p][b][m]ならば [m]：ハンペン [hampeɴ] 看板 [kambaɴ]
[k][g][ŋ]ならば [ŋ]：間隔 [kaŋkaku] 考え [kaŋŋae]
「ん」が語末だったら [ɴ]：パン [paɴ] ごはん [gohaɴ]

音声学的に比べてみれば、同じ日本語の「ん」でも実際にはさまざまな音を発音していることが分かる。しかしこのような違いがあっても、だからといって意味が変わるということはない。音韻としては/ɴ/が一つあるだけなのだ。このような意味の区別にかかわりのない音のヴァリエーションのことを異音（allophone）という。

以上のことから、外国語の音を学習するときに困難となるものが二つ考えられる。一つは音声学的に母語にはない音を新たに覚えることで、これは新しい経験である。もう一つは音韻論的に母語ではいままで区別していなかった音を区別しなければならないことだ。日本語を母語とする人が英語の音を学習する場合、[θ]は日本語にはない音だから新たにマスターしなければならない。それに対して[l]と[r]は、日本人の頭の中には「ラリルレロ」としてインプットされているから、これを新たに区別しなければならない。この「ら行」の音は日本人でも人によってずいぶん違う音で発音している。音声学的に[r]に近い人もいれば[l]に近い人もいるし、なんだか[d]に近いような側面摩擦音を出す人もいる。わたし自身も摩擦する傾向にある。しかし日本語としては一つの音韻だから、べつに困らないのである。

声の上げ下げで意味が変わる

しかし、ことばの意味を音によって区別するときに関係してくる要素は、これだけではないはずだ。日本語でも「橋」「箸」「端」を区別するのは、いままで見てきた音素ではないことが想像つく。この他にも実際には音素以外に意味の違いを表す要素となるものがいくつかある。これを超分節音素（suprasegmental phoneme）という。いくつか例を挙げよう。

声の上がり下がりなどのことを音調またはトーンという。この音調によって意味が変わってくることがあることは、日本語でも経験があるだろう。その中でもすべての意味単位（たとえば単語）が一定の高・低などの制約を受けている場合にはこれをとくに声調といい、このような特徴を持つ言語を

声調言語という。たとえば有名な例が中国語で、

[mā]（高く平らに）↓「母」

[má]（高いところからさらに上げて）↓「麻」

[mǎ]（下げてから上げて）↓「馬」

[mà]（高いところから下げて）↓「叱る」

というように意味を区別する。これなどは最も単純なパターンだ。タイ語では五つ、ヴェトナム語では北部で六つ、中・南部で五つ、広東語ではなんと九つと、さらに多くの声調がある。この声調にしたがって正しく発音しないと、単語の意味が別のものになってしまう。こういう言語はカタコトを覚えて使ってみるのがなかなか困難だ。わたしもホーチミン市でヴェトナム語を使ってみたときには、いつも声調を気にして、緊張しながら発音していた。もちろん、通じたときの喜びはひとしおなのだが。


ところがアフリカで話されている八〇〇近い言語では、この声調によって文法の機能まで示すものがある。まず、このような言語はすべての単語が一定の声調にしばられている。ところがそれだけではなく、文法的に変化する単語では、その変化も声調で示すのだ。

わたしはこのような言語に関して知識がないので、一つのモデルで説明する。

たとえば便宜的に架空の三音節からなる動詞mo-ri-suを想定し、「食べる」という意味であるとする。日本語だったら動詞「タベ・ル」（現在形）は「タベ・タ」（過去形）「タベ・レバ」（仮定形）というようにさまざまな助動詞を接続させることによって文法的な意味が変わっていく。ところが声調によって文法を表す言語では、《mo（高）ri（低）su（低）》は現在形、《mo（低）ri（高）su（高）》は過去形、

《mo（高）ri（高）su（高）》は仮定形などといったように、声の上げ下げが文法的な役割を果たすのである（繰り返すが、これは架空のモデルである）。

西江雅之氏は、西アフリカなどではこの声の上がり下がりを利用するために、木の割れ目や太鼓などを利用して遠くの仲間と通信する、いわゆる「ドラム・ランゲージ」が可能になることを報告している（西江雅之『ことばを追って』大修館書店、一九八九年、二四四〜二四五ページ）。

日本語について考えてみよう。たとえば東京方言だと「柿」と「牡蠣」の区別は、声調と同じように声の上がり下がりの仕方で区別される。もっともこのような意味を区別する上がり下がりがすべての単語にあてはまるわけではない。このような場合は声調とは言わずに音調、あるいはイントネーションという。日本語のイントネーションでは、語のあとにたとえば「は」という助詞が付くとき、その高さは単語によって決まっている。例：「橋は」「箸は」「端は」。

このように、ある言語においてある部分を目立たせて意味の区別をしたり、その言語特有の音パターンを示したりするものをアクセントという。その中でも日本語は音の高低（pitch）によるアクセントを用い、英語などは息の強さという強勢（stress）によってアクセントを示している。

この区別がしっかりとできていないと、外国語学習において障害となる。日本人が英語の音を学習するとき、強勢の代わりに声を高くして発音しているといつまでたっても英語らしい音にはならない。どうせ外国人なんだから完璧は無理。でも相手に分かってもらえなければ何にもならない。そのときに何を押さえるべきかということを、音韻論から学ぶことができるのである。

この二節にわたる音の話は、外国語学習にどのようなヒントを与えるのか？　外国語を発音するとき、音韻論的に正しく区別できていれば相手に分かってもらえる。まずはこのレベルを目指すべきだ。そして音声学的にも正しく発音できれば、ネイティヴから「よくできました」と誉めてもらえるのである。

テスト4

自分のアクセントと共通語のアクセントの違いについて、気がつくことがあれば書きなさい。

［解答例1］僕は実家が鹿児島の人間なので、こっちの友達としゃべるときと、地元の友達としゃべるときでは、アクセントが全然違います。言葉自体はそのままなのに、アクセントの位置がめちゃめちゃです。

［解答例2］自分は神奈川県出身なので東京地方の言語と方言的な差異はないように思える。ただアクセントなどの違いは、テレビでニュースキャスターなどが話している言葉を聞くと「あれ？　自分のと違う？」と思うものがときどきある。

［解答例3］僕は川崎生まれで、その後富山に引っ越したので、家では標準語、学校では富山弁ですごしてきた。例にも出たが、箸と橋、雨と飴は全く逆。実際に小学校のとき、こ

のアクセントのことで友達と論議を交わしたことを覚えている。

［解説］とくに地方出身者は、ことばについて指摘された経験が必ずあるようだ。ここは変なコンプレックスを植え付けるのではなく、「違い」があるということを意識してもらうことをねらった出題である。「お国ことば」の話題は学生も必ず興味を示す。もっともこれは「音」の話に限ったことではないが。

ロシア語は文字のせいで人気がない

文字はすばらしい発明である。それまでの音声言語だと、発音された音が空気の振動を伝わって相手の耳に届くためには、空間的に制限があるから遠くには伝わらないし、時間的にはなおさらで、その場限りのものだった。それが文字の出現によって遠くの人にも情報を伝えることができるようになり、昔の人が残した記録も知ることができるようになった。いままで聴覚でとらえていたものを視覚でとらえようとする、大きな発想転換がそこにある。文字を初めに発明した人こそが人類史上最も偉大な言語学者といえるのではないだろうか。

文字は応用が利かない

しかし文字はその約束を覚えなければ何の意味もなさない。文字の形と音との関係は恣意的である。この「恣意的」ということには、「人間の言語とサルの『言語』との違い」のところでも触れた。表される内容とそれを表す音の組み合わせとの関係には何の必然性もなく、一つの約束事に過ぎないというものだった。文字と音の関係についても同じことがいえる。

ところが人間の言語の特徴にはもう一つ、二重分節性というのがあった。ことばは意味の単位に分けることができ、さらに音の単位に分けることができるというものだった。しかし、文字にはこのようなものはない。どの言語がどの文字を採用しようがまったく自由である。二種類以上の文字を混ぜ合わせたっていい(日本語がその例だ)。ということは一つ覚えても他には応用が利かないということになる。言語単位としての音だったらひとたび習得してしまえば他の言語研究にも使えるが、文字の場合そうはいかない。

ここで文字と音との関係を整理しておこう。言語は音が基本だった。世の中には文字のない言語はあるが、音のない言語はない。また、文字とは音を表現するものであると考えられているが、それほど単純なものでもない。文字は単音を表すもの、音節を表すもの、語を表すものなどさまざまで、決して音と一対一の関係ではないのだ。また一つの文字体系の中にしても、発音と綴りがずれているなんてことはザラにあるのも、そのためなのである。だから文字の研究には、音の研究とはまた違ったアプローチが必要になってくる。

文字の研究は音の研究に比べて遅れている。これは科学としての言語学の中心であったヨーロッパにおいて、基本的にアルファベット方式(簡単にいえば一字一音方式)の文字しかなかったことによる。ヨーロッパの言語を基盤とした研究では、しばしば文字と音の区別のついていないことがある。この点では漢字文化圏のほうが、はるか昔から文字に興味を持っていたのも当然といえる。

文字の研究には二種類ある。一つは、世の中にはどんな文字が存在してそれがどのように変わっていったかを研究するもので、これを文字学という。ということはこの分野を研究するためには古今東西あらゆる文字に通じていなければならないわけで、よほど勤勉な学者でなければとても扱いきれない（したがって勤勉でないわたしなんかダメですね）。また外国語学習という面から考えても、とくに必要というわけではない。

それに対して、文字が言語の構造とどのように関連しているかという機能を研究する分野があり、これを文字論という。文字論を研究するうえでは、アルファベット以外にも表語文字の知識が不可欠で、すなわち漢字の研究を押さえておかなければならない（もちろん、漢字以外にも表語文字はあったのだが、多くは古代文字で、いまでは滅んでしまったものが大部分なのである）。漢字の研究には長い伝統がある。

しかし、外国語の学習という観点からすれば、これもまた中心テーマではない。さらに古代文字や暗号の解読というのもなかなか魅力的な分野なのだが、これも直接には関係ない。

ということは、わたしたちが目指している外国語学習には、この文字の研究はあまり役に立たないということになってしまう。

とはいえ、何か新しくことばを勉強しようとすれば、未知の文字に出会うこともあるだろうし、それを習得しなければそもそも言語の学習が進まないということも考えられる。だからこれから先のお話は、世の中にはこんな文字があるんだよ、という紹介に過ぎず、あまり科学的なものではない。しかし何かの役に立つかもしれない。そうあってほしいと願っているのだが。

文字の困難は必ず乗り越えられる

外国語学習にあたって、こと文字ほど心理的障害になるものはない。わたしはロシア語の教師をしているが、ロシア語の人気がないのは、もちろんロシア本国が混乱していて不安定で貧しいイメージだということもあるのだが（それはそれでとても悲しい）、それよりも「文字が難しそうだから」という単純な理由によるものが大きいのである（やったこともないくせに、どうしてそう思うのだろう）。たとえばドイツ語やフランス語が日本人に馴染みのない文字を使っていたら、学習者の数は、現在とどう違っていただろうか？

これはわたしの勤める大学が理系で、学生がことばに興味が薄いからというわけでもない。かつてわたしが非常勤講師をしていたある私立外国語大学では、英米語科のための第二外国語としてフランス語、ドイツ語、スペイン語、イタリア語、中国語、韓国語、ロシア語、アラビア語と、実に八言語も用意され、たいへん充実している。しかしこの中で人気がないワースト3はアラビア語、ロシア語、韓国語で、日本人にとって馴染みの薄い文字を使っている三言語が常に最下位を争っているのである。ロシアはともかく、中東や韓国といった政治・経済的にも重要かつ文化的にも興味深い地域の言語に人気がないというのだから、これは文字のせい以外に考えられない。

文字の困難は、言語習得のごく初期に克服されるものだ。どんな文字だって誰でも必ず覚えられる。しかしその習得にはある程度時間がかかる。韓国語のように非常に明快で論理的な文字体系でも、字を見てすぐに認識できるようになるには慣れが必要だ。それどころか、馴染みのある文字を基本としている言語を学ぶときだって、初めは戸惑う。どの言語の文字にもそれぞれの約束事があるのだから、その「字面」に慣れるためには一定の時間が必要なのである。

文字の種類

文字体系は恣意的であるといったが、その中にはタイプの似ているものもある。またどのような文字を使っているかということ自体が、ある文化と密接に結び付いていることも重要なポイントだ。だから、世界の文字のタイプや種類をおおまかに見ておくことも、無駄ではない。

文字にはその構造から見ていくつかの種類がある。

音を表す文字の場合、基本的には一つの音に一つの文字を当てる。このような形式を「アルファベット」という。英語の文字（ラテン文字）にせよロシア語の文字（キリル文字）にせよ、どちらもアルファベットである。ただし中には二つ以上の文字で一つの音を表すこともある。

このアルファベットの中のちょっと変わったものとして、アラビア文字やヘブライ文字がある。これらの文字は基本的に子音字のみを表し、母音は原則としては表さず、とくに必要なときだけ符号をつけることになっている。

音節文字というのは、ちょうど日本語のひらがなやカタカナのような形式で、一つの音節に一つの文字を当てる。インドのデーヴァナーガリー文字も音節文字だけが、各文字にはあらかじめ母音/a/がついている。それ以外の母音を表したり、/a/を削除する場合には符号を付ける。

ハングルはこの中間というべきもので、要素の一つひとつはアルファベットだが、単位としては音節文字となっている。

そして漢字のように語を示すものを表語文字という。

日本語は、ローマ字が表音文字、二つの仮名が音節文字、そして漢字が表語文字と、この三種類すべてが使われている点において、珍しい言語だ。日本語が世界中の言語の中でとくに難しいという議論のほとんどは学問的な根拠がなかったり、単なる思い込みに過ぎないのだが、こと表記法に関する限りは確かに複雑だといえるだろう。

文字の移し替え

日本人はいろいろな種類の文字に接することに慣れているのかもしれない。しかし、世界の誰もがこのようにさまざまな文字を知っているわけではない。漢字の読めない人に日本語で書かれた名刺を渡したとしても、相手はそのデザイン的な美しさに感動することはあっても、あなたの名前を認識してはくれない。そこで、もし相手がラテン文字を知っていれば（そしてあなたもラテン文字が書ければ）、名前をいわゆるローマ字で書き直してあげることができる。「黒田↓KURODA」という具合に。このように異なる文字体系の間でおこなわれる文字の移し替えのことを、転字（transliteration）という。ただしその方法もいろいろあって、そのしくみが分かっていなければやっぱり分からないままだ。キリル文字↓ラテン文字という場合でも、いく通りかの方法がある。これは実際の音を書き留める作業とは違うことに注意する必要がある。

文字の配列

文字の配列についても、いくつかの種類がある。日本語でも、縦書きと横書きがあるから、想像しやすいと思う。配列パターンを挙げると以下のようになる。

I縦書き型　①右から左へ（行の流れが）
②左から右へ

Ⅱ横書き型　③右から左へ（文字の配列が）
④左から右へ
⑤右から左へ、左から右への繰り返し
⑥左から右へ、右から左への繰り返し

最後の⑤⑥のようなパターンを「牛耕式」という。牛が畑を耕すときに行ったり来たりする動きに似ているところからきている。

文字文化圏

文字は文化、とくに宗教と密接に結び付いている。どの宗教でもその教えを文字に書き留めて伝えようとするからだ。大きく分けて、文字と宗教には次のような関係がある。

漢字文化圏：　大乗仏教、儒教
インド文字文化圏：　小乗仏教、ヒンドゥー教
アラビア文字文化圏：　イスラム教
ラテン文字文化圏：　カトリック、プロテスタント

また文字配列についても、たとえばアジア地域だと、縦書きは漢字文化圏と、左から右へはインド文化圏と、また右から左へはイスラム文化圏と、それぞれ結び付く傾向にある。

旧ソ連の諸言語ではロシア語で用いているキリル文字に多少の改良を加えた文字体系が圧倒的に多かったのだが、その中でも五つの共和国だけは違う文字を使っていた。バルト三国のエストニア語、ラトヴィア語、リトアニア語はラテン文字を使っている。その他にグルジア語はグルジア文字、アル

メニア語はアルメニア文字というようにそれぞれ固有の文字が使われている。これはこれらの地域が正教文化圏に属していないことを示している。

しかしこの文字文化圏を考えるとき、その基準は宗教だけではない。たとえばキリル文字は社会主義イデオロギーと結び付いていた。スターリンはかつて文字を持っていなかった民族にキリル文字を押し付け、社会主義文化圏への帰属を促した。だから国の体制が変わると、この文字文化圏への帰属が移動する場合もあるのだ。かつてアラビア文字を使っていたトルコ語がラテン文字に切り替わったり、モンゴル語がキリル文字を捨てて自らの文字を復活させようと努力していることなどがその例だ。

世界中の言語がすべて同じ文字を使うようになれば、さぞや便利だなと思うかもしれない。しかしさまざまな事情があって、そうはいかない。外国語を学ぶときでも、カタカナの振ってあるものやラテン文字に転字したものばかりに頼っていては、いつまでたってもその国の文化に近づくことはできないのである。

テスト5

日本語の文字形式の特徴について、知っているところを述べなさい。その際「牛耕式」で文を書くこと。

[解答例]日本語は表記方法にすごい
んろちも。すまい思とるあが性長冗
正しい標準的な組み合わせはあるに
、き書テタと字文の類種数、もてし
ヨコ書きの組み合わせをある程度好
。すでいごすらかるきでにき

[解説]とくにコメントすることはない。とにかくこの「牛耕式」が、すなわち慣れていない書き方というのが、いかに書きにくいかを実感してもらいたかった。しかし実際にはテストを読むこちらのほうがよっぽどたいへんだった。こんな問題、出すんじゃなかった。

辞書は神様じゃない

この節は辞書がテーマである。辞書は学生にとって身近なものだと思う。もし語学の授業があれば、その予習として辞書を引いて意味を調べてくることが要求されるだろうし、何か外国語で書かれた教科書や論文を読むときにも、辞書は欠かせない。書店や図書館に行くと、そこには実にさまざまな辞書が並んでいる。

辞典と事典

まず辞典と事典の違いに注意しよう。ふつう、ことばの意味や語法に関する情報が集められているものを辞典といい、さまざまな事柄に関する情報がまとめられているものを事典という。「ジテン」と発音するとどちらも同じ音になってしまうので、ことばを扱うほうを「ことばてん」、事柄を扱うのは「ことてん」と呼んで区別することもある。その他にとくに漢字の読み方や意味を解説したものを字典（または「もじてん」）という。日本人の外国語学習にとって大切なのは、このうちの辞典だ。

なお慣例に従って、これを「辞書」ということもある。

辞書にもまたいろいろな種類がある。まず一言語辞書と二言語辞書がある。一言語辞書とはたとえば国語辞典のようなもので、ある言語をその言語で解説したものだ。それに対して二言語辞書とは、たとえば英和辞典とか和英辞典のように、ある言語の意味や用法などを、別の言語で解説したものである。一見、外国語学習に関係あるのは二言語辞書だけのように思えるかもしれないが、そうでもない。外国語の学習も先に進んでいくと、英語だったら英英辞典を使うようにもなるだろう。英英辞典のほうが英和辞典にない情報を提供してくれることもあるからだ。

二言語辞書から一言語辞書へ

しかし、まずは二言語辞書だ。これから考えてみよう。二言語辞書には二つのタイプがある。一つは学習している言語が見出し語で、すでに知っている言語で解説されている辞書。もう一つはこの逆で、すでに知っている言語が見出し語で、学習している言語の対応例が挙がっている辞書である。外国語の学習にはこの二つのタイプの辞書を使いこなすことが必要となってくる。

しかし、そのような辞書が見つからないこともある。α語を学習している日本人にとっては、『α語－日本語辞典』と『日本語－α語辞典』がほしいのだが、そういうものがないこともある。そのような場合にはすでに知っている他の言語、たとえば英語などを利用し、『α語－英語辞典』や『英語－α語辞典』を使うわけだ。

この二言語辞書を考えるために、例として英語の辞書について考えてみよう。

たとえばみなさんは英和辞典を何冊もっているだろうか（まさか一冊という人はいないでしょうね）。

日本で教育を受けると、英語の学習は中学校から始まるのが一般的だ。だから中学生になると同時に辞書を買ったり、あるいはプレゼントされたりしたかもしれない。でもいまどきの教科書だったら、最初のうちは単語の意味ぐらい説明がすでに載っていることもあるから、辞書は必ずしも初めから必要ではない。しかし、中学を卒業するまでには一度ぐらい英和辞典を手にしたことがあるはずだ。また高校に進学した段階で、新たに辞書を買うこともあるだろう。さらに受験勉強や大学に合格した記念にまた新しい辞書を買ったかもしれない。

反対にある段階で買った、たった一冊の辞書を後生大事に使っている人もいるかもしれない。ボロボロになるまで一冊の辞書を使うというのは、何やらとても貴く美しいことと信じられているところがある。

しかし自分の外国語の能力を高めようと思ったら、辞書は学習の進度に応じて買い替えるべきだ。日本の英和辞典は種類が多いばかりでなく、その水準もたいへん高い。そして中学生向け、高校生向け、大学生・一般向けなど、使う人のレベルにあわせて自分にあった辞書を選ぶことができる。辞書だけは、大は小を兼ねない。英語の勉強を始めたばかりの中学生が一〇万語以上もある大英和辞典を使っても、使いにくいばかりで役に立たないのである。

英和辞典は分からない英語の単語を調べるときに使う。単語の意味が分からないと授業中困るので、まじめな人は家でせっせと辞書を引いてくる。しかし、この反対の和英辞典となると、お世話になる比率はどうもぐっと下がるようだ。また和英辞典を見て作文をするとだいたい間違ってしまう、といった非難も耳にする。しかし最近の和英辞典はさまざまな工夫がされており、単に日本語の意味を対応させているだけでなく、英作文をするための注意事項や文化情報まで盛り込んであるものもある。

実際に手にとっていろいろと見てほしい。

学習が進んでいくと、一言語辞書、この場合は英英辞典が登場する。この英英辞典のようなものを使いこなせるようになると、もう一人前で理想的とされている。そのため早くから慣れたほうがいいと、英和辞典を使わないで英英辞典のみで頑張ることを勧める人もいる。しかしそれは少し行き過ぎだと思う。あまり語彙力のないうちに英英辞典を引いても、その説明に使われている英語の中にまた知らない単語がたくさんあり、よく分からなくてイライラし、そのうちに辞書を引くことそのものがいやになってしまう。わたしたちにとって、日本語は何といってもよく分かるのだ。英和辞典も大いに活用しよう。

もちろん、英英辞典を引いたほうが分かることもある。その単語の使い方とかニュアンスなどでは、英英辞典のほうがはっきりする場合もあるのだ。だから二言語辞書でよく分からなかったら一言語辞書を引いてみると心の中で決めておけば、心理的にあまり負担にもならないし、それぞれの辞書の長所を活かすことができると思う。

この英和、和英、英英辞典の使い方については、笠島準一『英語の辞書を使いこなす』（講談社現代新書、一九八六年）がたいへんに優れているので、興味のある方は是非一読されたい。

さまざまな特殊辞典

辞書はなにも意味を調べるばかりではない。ふつうの辞書だったらａｂｃ順にならんでいるが、もし「ａで終わる単語」を調べたいときにはどうしたらいいだろう（詩の韻律などを考えるときに必要になってくる）。そういうときには逆引き辞典というものがある。また似たような意味の語で言い換えをしたい場合には類義語辞典、同じ意味や反対の意味を調べたいときは同義語辞典や反意語辞典、その他発音辞典、語源辞典、引用句辞典、略語辞典、熟語辞典など、実にさまざまな特殊辞典がある。それぞれに特徴があり、うまく使いこなせば必要な知識・情報を得ることができる。ことばの教師というものはある言語についてすべてを知っているわけではなく、さまざまな辞書類を手元に揃え、使いこなしているので、質問に答えることができるのだ。みなさんはべつにこういったものをすべて揃える必要はないが、図書館などで利用する方法を身につけると外国語の文章の読みがずっと深まると思う。

辞書の選び方のポイントは？

さてずいぶんいろいろな辞書を紹介してきた。これらすべてを手に入れることはもちろん無理だ。しかしこれを読んでいるうちに、いままで使ってきた愛用の辞書の他に、もう何冊か新しい辞書がほしくなってきたかもしれない。そこで書店に行くことになる。そして辞書コーナーに立ち尽くし、途方に暮れるのだ。あまりにも種類が多すぎる。いったいどの辞書を買えばいいというのだ！

よい辞書の条件とは何だろうか？

この問いに対する完全な答えはない。辞書は各自がそれぞれの目的に応じて選ぶものである。実際にいろいろな辞書を手に取ってみて、いちばん使いやすそうで気に入ったものを選べばよい。ただし、そのときの判断のヒントになるようなものを、以下に挙げながら考えてみよう。

まず、収録語彙数だ。語彙の数が多い辞書ほど優れた辞書なのだろうか？

これは違う。一〇万語の辞書と二万語の辞書を比べたとき、二万語の辞書は一〇万語の辞書の簡略版ではない。まったく別の編集方針で編纂されたものだ。語彙数が少なければその分、例文が多かったり、語法の説明が詳しかったり、何よりもハンディーで持ち運びに便利だ。しかもページ数が少なければ値段も安くなる。

しかし、小さい辞書には限界がある。ポケット版などは持ち運びには便利だが、載っている語彙数や説明の分量は少なくなる。訳語にしても、代表的なものをいくつか挙げるだけとなる。

ところでこの「訳語」と「語義」について区別をしておきたいと思う。「訳語」は二言語辞書を引いたときに書いてある対訳のことだ。それに対して「語義」は一、二、三、などと番号を振って示している、意味別のまとまりのことだ。一つの「語義」の中にいくつかの「訳語」が挙がっていることもあり、この二つは同じものではない。

そしてこの語義の分類や訳語の挙げ方も、辞書ごとに違っている。ある語がもっているさまざまな語義、訳語をどのように分類・整理するかはそれぞれ編集者の判断によるもので、「これが絶対である」というようなものはない。たとえば語彙数が同じ二万語の辞書でも、見出し語はもちろん、語義の分け方や訳語の選び方は千差万別なのだ。

いま、見出し語について触れた。では、辞書の見出し語はどのようにして選ばれるのだろうか。

頻度数について

ここで「頻度数」という概念がでてくる。「頻度」とは、ある語がどれくらい頻繁に使われるかということだ。語はすべて同じような頻度で使われているわけではない。「ハト」と「ヤンバルクイナ」では、「ハト」のほうがより頻繁に使われるだろうし、「トリ」はもっとよく使われているはずだというのは、想像できると思う。さまざまなテキスト（新聞・雑誌や小説、論文など）をもとにコンピュータで統計を取ると、たとえば一〇万語中に何回ぐらい使われるのかというようなデータが得られる。これを頻度数という。辞書を作るときにはこのようなデータが重要で、バランスよく見出し語を選ぶ必要があるのだ。

しかしこの統計も、どのようなテキストを選ぶかによってデータが違ってくるので、完全に客観的なものは不可能である。だから辞書編纂には編者の判断がどうしてもある程度は必要になってくるのだ。

この頻度数という考え方は、教科書にも反映されている。とくに初級向きの教科書には、よく使われる語が厳選されていることが大切だ。また一通り文法が終わって、語彙を増やそうという段階になったときも、辞書を片っ端から覚えようなどという無謀なことはやめて、頻度が高い語彙から覚えていくべきである（辞書を食べて単語を覚えた、という伝説を聞いたことがある。語学の教師として意見をいわせていただければ、まったく無意味な行為だと思う。栄養学の先生からは、また別の理由からやめることを勧められるだろう）。

外国語の学習と辞書は切っても切れない関係だ。しかし辞書を引くことが外国語の学習ではない。新しい単語を覚えていくことが学習であり、辞書を引くのはその準備に過ぎない。準備だけして、安心していてはいけない。

テスト6

日本語→X語辞典を作るとしたら、どのような点に注意したらよいか、考えなさい（見出し語の選び方、見出し語の数、例文など）。

［解答例1］僕が日頃和英辞典を使ってて「使いにくいな！」と思うときを考えてみる。まず日常的に（日常性は人それぞれだから、なんですけど）僕が使っているコトバがそのままの形でのっていることは決してない。例えば「ドア開けっぱなしだよ」の「ぱなし」がのっていることはなく、自分でコトバを標準化し、「『ぱなし』ってことは『続いている』ってことだから……」のような作業をしなければならない。さらに「開け続ける」ではのってなくて「開ける」「続ける」でそれぞれひいてさらにそれをつなぐ文法力が要求される。それでいきおい「よし、書けた！！」と思って英語の先生に見せにいくと、「うーん、英語ではフツーそういう使い方はしないんだよね……」とはねかえされるときもままある。フツーは辞書のなかでもあいまいにされがちなのに。その対策として例文をたくさんのせて、語と語のconnectionを意識させるようにするといいと思うし、例文はその単語がよく出てくるシチュエーション順にのせると多少親切かも。

［解答例2］和英辞典を引いていて思うのは、名詞や動詞について調べるのは簡単だが、副詞とか（文法の知識が曖昧なのでよくわからないが）が調べにくい。「〜のような」とか「〜

みたいな」は載っていても、「〜っぽい」というのは載ってなかったような気がする。つまり従来の辞典では標準語でかつ私たちになじんでいる話し言葉は扱っていない。

［解説］辞書の編者は利用者に対して、無意識のうちにさまざまな文法知識を要求している。右のような指摘は文体の問題も含んでいるのでその扱いが難しいが、「日本語のしくみがよく分かってない」日本人のために、いまある辞書は必ずしも親切ではないかもしれない。ただし、一昔前に比べれば日本の和英辞典は格段によくなっている。

［解答例3］時間と金を自由に使ってよいならもういまさら紙の辞書は作りたくありません。見出し語、例文とも考えられる限り最大のものを投入します。人類史上最強のｎヶ国語辞典にします。日↓αとかの矢印の向きはまったく任意で、完全直交なｎヶ国語辞典です。検索も見出し語に限らず、自由な全文検索を可能にして……。

以上は当然電子出版物を想定していますが、ハード的なものは五〜十年もすれば十分可能でしょう。コピーを作るのも安いので最高です。できれば文部省とかの政府の巨大プロジェクトにして、できた辞書はコピーフリーにしてしまうといいのではないでしょうか。

電子化のその他の利点

・どんな大きな辞書を作っても自由にレベル設定可能なものが作れる（中学生向けとか専門用とか）。
・表示形態の自由なものが作れる（ノーマル、ひらがなのみ、ローマ字、点字、手話など）。
・辞典と事典がいっしょにできる。

（以上、ソフトを編纂するのが死ぬほど大変だろうということは、容易に想像できますが。）

［解説］これこそが理系学生らしい発想である。このような学生たちに文系的な知識を与える意味はここにあると思う。少なくともわたしのような機械音痴の人間には思いもつかないアイディアである。このようなプロジェクトは理系・文系が総力を挙げて取り組む価値があるだろう。しかしコピーフリーにしてしまうと辞書は売れなくなる。

文法アレルギーは損をする

「文法」という語はあまり評判がよくない。それどころか、怨みを持っている人さえいる。学校教育でさんざん辛い思いをしたとか、もっと会話したいのに外国語の先生は文法的間違いばかり指摘するとか、その多くは個人的な思い出に結び付いていることが多い。

文法との「不幸な」出会い

日本で教育を受けると、初めて文法というものに出会うのは、小学校の国語の時間だろう。「国語文法」というもので、品詞の分類や活用の表などを学び、自分たちがふだん使っている言語を体系的に学習し直すのだ。しかしこの「国語文法」が楽しかったという話は、ほとんど聞いたことがない。ふだん何の不自由もなく話している日本語の文法を、なんでわざわざ勉強しなければならないのか、そんなものいらないじゃないか、と思うわけだ。

ちなみに国によっては母語の文法の学習が非常に重視されており、大学の入試にも、たとえば正しい動詞の変化を書けといったような問題が必ず出題されるところもあるそうだ（日本の大学入試にはそんなものほとんど出ない、といったらある外国の先生はとても驚いていた）。文法を正しく知らなければ正しく読み書きができないという発想が根強いのだろう。多民族国家の場合にはなおさらだ。日本では漢字の学習は熱心だが、文法はそれほどでもないのが現実である。実際にある一定の時期だけ国語文法を学べば、そのあとはほとんど必要でなくなる。実は、日本人が国語文法を学習するのは読み書きの向上を目指したものではなく、その後で「古典文法」を学ぶための基礎知識を身につけるのが目的ではないか、とわたしは密かに考えている。

こうしてみると、日本人が初めて文法を意識するのは英語を学び始めたときではないだろうか。I have a penという文を習い、Iは「私」、haveは「持つ」、penは「ペン」であるという。それは分かるのだが、英語にはさらにaというのがあってこれは「一つの」という意味で、これを英文法では冠詞というと習った。なんでわざわざ一つと断らなければならないのか、この冠詞を使わないとどうなるのか、いろいろと不思議に思ったのだが、教師から「習うより慣れろ」というもっともらしい理不尽なことをいわれて、それ以来英語にはあまり興味がなくなった。中にはこれと似たようなきっかけで、文法なんて大嫌いとばかりに文法アレルギーを自称する人もいる。

反対にこういう厳かな文法用語が大好きという人もいる。「動詞の現在完了形」とか「形容詞の比較級」などという用語を使っていると、それだけでなにやら偉くて難しいことを勉強しているような気分になり、得意になってしまうのだ。「独立分詞構文」などという用語を口に出して発音してみれば、なにやら怪しいエクスタシーすら覚えるような危ない人もいる。

その結果、文法は苦手だけど会話は得意だとか、逆に文法は得意だけど話すのはどうも、というような、ちぐはぐな外国語学習者ができてしまっているのである。

文法はマニュアル

前にも述べたが、わたしは「文法は言語を使いこなすためのマニュアルである」と信じている。本当だったら文法が分からなければ会話なんてできるはずがないし、また文法が分かっていれば文を組み立てていいたいことがいえるはずだ。前者の場合、たとえば機械の操作の仕方などで、勘がよくてマニュアルなんか読まなくてもいろいろといじくっているうちにだいたい分かってしまうという人もいる。それと同じように文法書をすみずみまで読まなくても、会話を通して自分の誤りを修正し、いつのまにやら上手に話せるという人も確かにいると思う。

しかしそういう勘がなければどうするか？　ここでマニュアルが登場する。忙しい大人が短時間で効果を上げるために、言語のシステムを体系的にまとめたものを学習する。本来ならば何度も間違えながら覚えるべきところを、初めから厳選した正しい用法を与え、早く目標に達するようにと配慮したもの、これがマニュアルすなわち文法ではないだろうか。だから文法が嫌いだ、というのは、たとえばどこか見知らぬ場所を目指して歩いているときに、わざと地図を見ないで行き当たりばったりで進んでいくようなものなのである。確かに差し当たって必要性も感じていないのに文法を押し付けられれば、喉も渇いていないのに飲み物を強制されるのと同じで、心理的抵抗を覚えることもあるだろう。しかし、それは文法のせいではないのだ。

文法のうち、何を学べばいいのか?

さて、ここまでだいぶ文法の弁護をしてきた。語学教師としては当然かもしれない。これからは文法というものはどこを押さえたらよいのか、この先みなさんが出会うかもしれない言語にはどんな文法が待っているのか、を面白くお話ししようと思う。

しかしここまで来て、はたと困った。文法は個々の言語の中に存在するものだ。それを一般的に述べることは難しい。一般文法をまとめた本もあるが、そういうものは多分に抽象的な理論が多く、読んでもあまり面白くない。それにわたしとて世界中の言語をすべて知っているわけではないから、あらゆる言語の構造について語ることはできない。またヨーロッパ系の言語ばかりを例に挙げてそれを一般化することも、適当ではない。将来に出会うかもしれない言語はヨーロッパ系とは限らないのだから。

そこでこれからは、みなさんがいままでの知識から常識と思っていることを打ち破るようなことをいくつか紹介しようと思う。日本語+英語+独・仏・露語ぐらいから類推して、世界の言語の構造はこんなものだろう、と思ってもらっては困るのだ。

構造主義について

その前に構造主義のことに簡単に触れておこう。

十九世紀までの伝統的な言語学というものは、ヨーロッパの諸言語を中心に研究されてきた。それが二十世紀になっていわゆるアメリカ・インディアン(最近では、「ネイティヴ・アメリカ」というそうだが)の言語を解明しようとなったとき、いままでの方法ではうまくいかないことに気づいた。あたりまえである。そこで新しい方法が考え出された。これをおこなったのがアメリカ構造言語学派の人たちなのである。彼らはある対象を解明するとき、それを成立させている要素をできるだけ正確に分類・整理し、記述していこうとした。このような言語学を記述言語学という。

なぜここで構造主義を持ち出したのかというと、ヨーロッパ系の言語ばかりに触れていると、言語一般に対する概念が十九世紀的なヨーロッパ至上主義になり、これにあわない言語を不完全だとか未熟だと思ってしまうといけないと考えたからである。ヨーロッパの言語に当てはまる現象が他の諸言語に当てはまらないことがあっても、べつに不思議ではないのだ。

類型論の伝統的な四タイプ

たとえば、品詞論には何の根拠もない。どの言語にも名詞や動詞があるわけではないからだ。一単語が一文章というような言語もある。たとえばスワヒリ語で《Nakupenda.》というのは英語のI love youにあたるのだが、これを英語のような三つの要素に分けることはできない。スワヒリ語では《N》は「わたし」、《a》は現在、《ku》は「あなた」、《pend》は「愛する」、最後の《a》は肯定形となっていて、しかも《ku》だけ発音してもそれは「あなた」にはならないのだ。teacherのerだけをとってもそれが「人間」を表せないようなものだ。しかもフランス語のリエゾンのように音が融合してしまうことが多いので、一つひとつの要素を抽出することが難しいことも多くある。こういった言語に、ギリシア・ラテン文法の品詞論を持ち出しても、何の意味もない（西江雅之＋吉行淳之介『サルの檻、ヒトの檻』朝日出版社、一九八〇年、一〇六～一〇七ページ参照）。

そこでこのようにあまりにもタイプが違う言語を分類するため、伝統的に類型論的な分類というものがおこなわれており、次のように大きく四つのタイプに分けている。

①孤立語というのは語形が変化することなく、語順や語彙によって文法的な関係を示す。中国語などが代表例である。

②膠着語は助詞や助動詞を付加することによって文法的な関係を示す。日本語やトルコ語などが代表例である。

③屈折語は名詞や動詞の一部が変化することによって文法的な関係を示す。いつでも同じ要素を付加するわけではないところが、膠着語と違うところだ。ロシア語やラテン語などが代表例である。

④抱合語は先ほど見たスワヒリ語のように、一単語が一文章のようなタイプである。

ただし、すべての言語はこの四つのうちのどれか一つに当てはまるというのではなく、多くの場合は二つ三つのタイプを兼ねている。

語順について

語順とは文の中における語の配列のことだ。これは言語の性格を考える上で大切である。

語順について考えるときには、①名詞句のなかでの名詞と形容詞の位置関係と、②動詞と他の要素（主に主語と目的語）の位置関係という見方がある。

①名詞（N）と形容詞（A）の関係には二タイプがある。

　形容詞＋名詞（AN）タイプ：日本語、英語、中国語、韓国語など

　名詞＋形容詞（NA）タイプ：フランス語、アラビア語、インドネシア語など

②動詞（V）と主語（S）、目的語（O）の関係は理論的には次の六種類がある。

I．SOV　II．SVO　III．VSO　IV．VOS　V．OSV　VI．OVS

しかし実際にはVとVIは存在せず、IVタイプは極めて稀だ。その比率に関しては次のようなデータがある。

	データA	データB
SOV	五〇・五%	三九%
SVO	三六・二	三六
VSO	一〇・二	一五
その他	三・一	一〇

（データAは松本克己『語順の話』「三省堂ぶっくれっと」No.70、一九八七年。データBはClaude Hagège, *La structure des langues*, Collection《que sais-je》, 1982。どちらも石綿敏雄・高田誠『対照言語学』桜風社、一九九二年より再録。）

それぞれのタイプの例として、次のような言語がある。

SOVタイプ：日本語、韓国語、モンゴル語、ヒンディー語など
SVOタイプ：英語、フランス語、ロシア語、中国語、インドネシア語など
VSOタイプ：アラビア語、ヘブライ語、フィリピノ語など

このように世界にはさまざまなタイプの言語があり、しかもそれがさまざまに入り混じっているものなので、この多様な言語を一つの文法でくくることは不可能なのである。

確かに、ヨーロッパの言語の多くでは、文法を大きく形態論と統辞論に分けるのが伝統的だ。形態論は主に文法的な語形変化を扱い、統辞論は文の構造を扱う。たとえば形態論（morphology）では性（gender）、数（number）、格（case）、人称（person）、時制（tense）、相（aspect）、法（mood）、態（voice）などを扱い、このような文法用語はいろいろな言語の教科書にでてくる。このような考え方はヨーロッパの言語に限らずとも、かなり広範に応用されている。しかしこれをいまここで一つひとつ見ていくことは退屈だし、それが将来新しい外国語の学習を始めるときに役に立つとも思えない。文法は具体的な言語の中で学ぶのがいちばんんだ。どうぞ文法を嫌わないでください。

これを読んで、英語の文法を見直してみたいと思った人には、安西徹雄『英文解釈術』（ちくま学芸文庫、一九九五年）がおすすめだ。文法のための文法ではなく、翻訳という作業のためには何を理解しておかなければならないかを、的確に示した著作である。

またそれよりも、世の中にはいったいどんなすごい言語があるんだろう、思いもつかないような発想の文法とはどんなものだろうと思った人は、アブディ・ファラジ・レハニ『エクスプレス・スワヒリ語』（白水社、一九九五年）を覗いてみるといい。新しい世界が開けること間違いなしだ。

テスト7

外国語の文法を学習したとき、苦労したこと、納得いかなかったことをできるだけ具体的に書きなさい。

［解答例1］外国語の文法を学習したときに苦労したことは、ある程度整然としているように見えて必ず特例がある、という場合でした（もちろん、日本語にもあるでしょうが）。受験でよく丸暗記するポイントとして、たとえばmind, miss, enjoy, give up, avoid, finish, escape, practice, postpone, put off, stop, deny, admitの場合は……というのを覚えたのですが、いまこうやって書いてて、文法をよくやらなかったために、この動詞の場合にどうなるのかということを分かっていないのです。ただ、こういう動詞のグループがあるということしかいまは覚えていないので、まったくムダな覚え方だなぁと思います。

今、人に聞いて分かったんですが。上の動詞群って-ingをとるものだったんですねえ。でも、すぐ忘れるでしょう。

［解説］受験英語の悲しい思い出は誰もがもっているようだ。その真偽のほどはともかく、コンプレックスを取り除かなければ外国語は一生心の負担だろう。ただ受験英語を一方的に悪者にするのではなく、どのように文法と付き合えばよいのか、ということを今回はとくに強調したかった。

［解答例2］まず英語をはじめて学習したときにＳＶＯの語順なのを理解するのが出来な

くて大変だった。まったくの白紙の状態で取り組めばいいのに、日本語のSOVその他を無意識にあてはめていたので、はじめの英語のテストはからっきしだめだった。

SOVの言語が一番多いのには驚いた。

［解説］人間はとかく自分の知識を普遍化したがる。外国語を学ぶためには常に柔軟な心構えが必要だ。この学生のように自分のつまらない思い込みに気づいていれば、新しいタイプの言語にも対応できることだろう。

方言をバカにしてよいのか？

ことばは時間によって変わっていく、ということはすぐに想像がつくだろう。古い日本語については、古典の教科書を広げて『源氏物語』や『枕草子』を読んでみなくても、夏目漱石や森鷗外の小説をちょっと覗いてみるだけで、現代の日本語とはだいぶ違っていることに気がつくはずだ。違ってはいるが、どれも「日本語」に変わりはない。

ことばの違い

その他にも、ことばは空間によっても違いがでてくる。たとえば東京と京都と青森ではことばが同じではないことは経験から分かるだろう。さらに同じ青森にしても、地域によってまた違ってくる。しかし、これらはどれも「日本語」という名称のもとに一つの言語としてまとめられている。アメリカとイギリスとオーストラリアでは実際に話すことばもかなり違っているのに、すべて「英語」にまとめられているのと同じだ。

このような空間によることばの違いを方言という。「方言」とか「ことばの訛り」というのは、とくにことばに興味がない人でもどこかで聞いたことがあるだろう。日本語の場合、全国の学校で教えられている「標準語」とか「共通語」といわれることばに対して、方言とは地方のいわゆる「お国ことば」のことを指すと広く考えられているようだ。この「標準語」と「お国ことば」を比べると、音やアクセントや語彙などに際立った違いがあることに気がつく。

しかし、この地域差による違いだけが方言というのではない。たとえば同じロンドンの「英語」にしても、王室のことばと、サラリーマン家庭のことばと、パンクの兄ちゃんたちのことばとではもちろん違っている。それでも「英語」には違いない。ことばはその人が属する地域だけでなく、階層や性別、世代、宗教などによっても変わってくる。このような要因の違いによる言語の体系の違いや、体系そのものを研究する言語学の分野を社会言語学という。

言語と方言の違い

では、言語と方言の違いは何だろうか？

たとえば「九州の方言」というようないい方はするが、「九州語」といわないのはなぜだろうか？「大阪弁」もどうして「大阪語」ではないのだろうか（もっとも一部にはこの「大阪語」の存在を主張する人もいるだろうが）。

これは「お互いに理解しあえるほど近いことばだから」とされている。それぞれの違いは気になりながらも、コミュニケーションに際して支障とはならないほど似ているので、別の言語とは認め難いと考えるようだ。

しかし、地球上には別の「言語」であると認められながらも、お互いにコミュニケーションが可能なほど近い場合があることは、「どんなことばを学習するのか？」で触れた。デンマーク語とノルウェー語、チェコ語とスロヴァキア語は別の「言語」なのだが、理解しあうために大きな障害はない。

その理由は国家が違うからだ、と考える人がいる。デンマーク語とノルウェー語がどんなに近くてもそれぞれが別の国なんだから、別の名称の言語を持っているのは何の不思議もない。また中国語のようにお互いにまったく通じないほど異なっていることばを一つにまとめてしまうのは、中国という一つの国家の言語だからであるとも考えられる。

でも、だったらオーストリアはどうしてオーストリア語ではなくてドイツ語を話し、ニュージーランドは英語を話していることになるのだろうか？

つまり言語と方言の関係はそう簡単なものではないのである。言語の「近さ」というものを客観的に測ることは難しいことで、明確な基準を設けることはなかなかできない。

ただし、「方言」という場合には以下の二つの条件が必要となる。

まず、ある言語の方言であるというためには、言語学的に同系関係を証明する必要がある。北海道のアイヌ語は、日本語との系統が不明であり、したがって「アイヌ方言」には決してならない。

もう一つ、「方言」は「標準語」と同じくらいあらゆる場面で使えるわけではない。もし標準語だったら、家でも友だちとでも公式の場でも話すことができるし（ただし文体の問題はここでは触れない）、テレビやラジオで流れ、本や新聞が出ていなければならない。しかし方言の場合には、一部だったらともかく、このうちのすべての条件を満たすことはできないはずである。

地域によることばの違い

わたしたちにとっていちばん身近な方言は、地域による違いだろう。日本語の例をもとにその分布状況を考えてみよう。

たとえば日本語の方言研究で重要な学説に、柳田国男の「方言周圏論」という説がある。彼は「蝸牛考」という論文で、腹足類マイマイ科の軟体動物の名称を全国的に調査した。そしてそのいろいろな名称を地図の上に表し、その分布を見てみると、京都・大阪を中心にして、中央部にはデンデンムシ、その周囲にはマイマイ、さらにカタツムリ、というように分布を示していることが分かった。この結果より柳田は、周囲で使われていることばは、かつて中央でも使われていたものが次第に外へと広がって行き、一方中央部では新しい単語が現れて変わっていったと考えた。ただし日本の場合には同心円状に外へ外へと広がっていったのではなく、東北方面と九州方面へ直線的に広がっていくことになる。ことばが、まるで池に投げ込まれた石から生じる波紋のように広がっていくというのはたいへん興味深い説である。

もっともこの「方言周圏論」は万能というわけではない。共通の発想で、たまたま各地で同一の表現が別々に生まれることもある。またその他に「交互分布型」として、たとえば「襖」（《東北北部》フスマ、《東北南部》カラカミ、《関東》フスマ、《中部》カラカミ、《近畿》フスマ、《中国・四国の一部》カラカミ、《九州》フスマ）のようなものもあり、まるでミステリーのような面白さなのだ。

社会階層によることばの違い

このような地域方言に対して、性別・年齢・職業・階層などによることばの違いは、社会方言という。「水戸黄門」などの時代劇をみていると、武士と町人では違うことばを使っていることにすぐ気づくが、これは階層による違いの例だ。またある職業集団の中だけで通用するようなことばを隠語という。刑事もののドラマを見ていればたくさんでてくる。その他にも話しことばか書きことばか、また誰に対して話すのかなどでことばにはさまざまな違いがある。

わたしたちは日本語だったら、

「サツに見つかるとヤバイぜ」

「拙者これにて失礼つかまつる」

「オンモに行ってワンワンと遊びたいの」

「千円からお預かりいたしまーす」

「お控えなすって」

といえば、どんな人がどんな場面で言っているのか想像がつく。わたしたちは日本語の社会方言やさまざまな文体に日頃から数多く接し、それを無意識のうちに身につけているのだ。ところがこれが外国語となると、たぶんふだんの日常会話には困らないくらいの語学力のある人でも、かなり困難となる。わたしの経験から言えば、モスクワでロシア語版「刑事コロンボ」を見たときには絶望的に分からなかった。これはわたしがロシア語の警察隠語に詳しくないことによる。

しかし外国語学習の場合、このようなものは基本的に分からなくてもいいのである（分かってもいいのだが、使うのはまずやめておいたほうが安全だろう）。外国語の隠語やアブナイ表現をどのくらい知っているかで語学力を測ったり、自慢したりする人がいるが、これはナンセンスだし、少なくともわたしたちの目指すものではない。

その反対に敬語については知識を持っておく必要がある。日本語の敬語については「日本語学」のところで触れるが、敬語はなにも日本語だけにあるのではない。身分制度が厳しかった歴史を持つ地域の言語にはいろいろなレベルの尊敬表現があるのがふつうだし、たとえば英語にも敬語は存在する。どんなに外国語を勉強したとしても、わたしたちは所詮「ガイジン」なのだから、丁寧なことば遣いをしておいたほうが無難である。

言語接触とその結果

このように、ことばには空間によってずいぶん違いが生じることが分かった。しかしこれらのことばもバラバラに存在しているわけではなく、さまざまなレベルで複雑な関係を示しているのである。たとえばある言語と言語が接触を起こせば、そこには何らかの影響が生まれてくる。その接触の仕方にしても、

①ある言語の集団に他の言語が入ってくる場合
②ある言語の集団に他の言語を母語とする人たちが入ってくる場合
③政治的・社会的な必要性が生じて、その社会の中で複数の言語が完全に独立した形で使われる場合

などさまざまな条件が考えられる。

①は「借用」という。名詞や動詞の語幹部分が別の言語の語彙と入れ替わる例である。「デパートで買ったネックレスをプレゼントする」という文では、「百貨店で買った首飾りを贈る」といっても文の構造も意味も違いはない（ただしニュアンスは異なる）。単なることばの置き換え、混合といえる。

②の場合だと別の言語集団に移って来た人びとは異質の言語を話す必要性が生まれる。このときもともとの母語と新しい現地語が混合して、どちらともつかない第三の体系ができることがある。たとえばハワイの日系一世の使っていることばとして

Japanese no more school go.（日本人は決して学校へ行かない）

のような例が報告されている（Nagara, S., *Japanese Pidgin English in Hawaii : A Bilingual Description*, Oceanic Linguistics Special Publication, No9, Hawaii, 1972より引用。西田龍雄編『言語学を学ぶ人のために』世界思想社、一九八六年、一四二ページより再録）。

③の場合では、言語使用者が無意識のうちに話している途中で言語を変えることがある。あるところまで英語で話していたのに、途中から急に日本語になるような現象だ。このような現象を「コード・スウィッチング（体系の変換）」という。話をしていて相手が突然に言語を変えたら、こちらは戸惑ってしまうだろう。いわゆるバイリンガルの人たちがこのコード・スウィッチングを起こし、コミュニケーションが阻害されたり、またはいやみに思われたりしているが、これも言語接触による一つの現象なのである。

ピジンとクレオール

ここで②と関連する事項として、ピジン・クレオール諸語の話をしておく。

ピジンとは土着の言語と新たに入ってきた言語との混成語だが、その体系にはある規則性が備わっており、一定の社会において共通に用いられている。多くの場合は商売のために必要なコミュニケーションの補助手段として成立したものと考えられる。この「ピジン」という名は、もともと広東語と

英語が混ざり合ってできた商業語を“business English”と呼んでいたのが、“pidgin”というように変わったのだろうと想像されている。先に挙げたハワイの日系一世の使っているようなことばはピジンの例である。

この「ピジン」を使い続けていると、この言語を生まれながら母語として使う世代が現れてくる。このような状態になったとき、この混成語は「クレオール」という。

ピジンやクレオールは「頭の悪い『土人』が使う不完全なことば」と考えられてきた。もちろんこのような主張は完全に間違っている。だいたい「土人」というのはひどい。さらにことばに対してそのような勝手な評価を与えること自体が偏見に満ちている。面白いのは、この「クレオール」が基となって発達した言語と考えられているものに、なんとフランス語があることだ（ところがフランス語を「土人」の言語とは誰もいわない）。フランス語は五世紀のガリア地方の言語とラテン語系の言語が混成して成立したという説がある。

ピジン・クレオール諸語は言語の変化のあるパターンを示しているわけで、言語学でも非常に注目される分野である。現在ではさまざまな言語の歴史的な変化を考察するときに、この「ピジン・クレオール」理論が応用されることが多くなった。

毎日の言語活動は、文法書にまとめられているとおりにおこなわれているわけではなく、実際にはいろいろな様相を呈している。実際にことばがどのように使われているのか、これを研究するのが社会言語学だ。社会言語学ではこのさまざまなことばのどれもがその研究対象なのである。そのときに評価を与えてはいけない。言語には決して美醜はないのである。

テスト8

次のテーマより、一つを選んで論述しなさい。
（a）「標準語」と自分のことば（「方言」）との差異について。
（b）敬語について（自分の経験に基づきながら）。

［（a）の解答例1］東京に生まれて、いままでの人生の大半を東京で過ごしてきた。しかし小二〜小五という約三年間の群馬での生活の名残がわが家にはまだ残っている。

東京から群馬に越していき、学校から帰ってきたわたしは母にこういったらしい。「みんな、こわい話し方をする」と。語尾を強く言うから、怖く感じたのだろうか。遊ぼう、と誘われるときも、「遊ばん？」と「ばん」を強く発音するので、遊べ、と命令されているような、そんな気がしていた。また、方言には勢いがあり、怒っているように聞こえる。迫力があるのだ。それを幼いながらも感じていたのだろう。

小五の夏、群馬から東京へ戻ってきたとき、私のいない三年間に東京の言葉も著しく変わっていた。いわゆる女ことばというものが消滅しており、ことばのやわらかさがなくなっていた。学校から帰ってきたとき、わたしは東京の子のことば遣いの悪さにショックを受けていた。

［（a）の解答例2］わたしが育ったのは三河（愛知県東部）で、三河弁を話していました。

東京のことばとは、少し乱暴なことば遣いをする事以外は、あまり差異がありません。

けれどこの乱暴なことば遣いには、一度戸惑った事があります。それは東京にしばらく住んでいて、帰省したときのことでした。東京に住んでいるので、自分で気づかないうちに東京のことば遣いになっていたのでしょうか。帰省してみて家族と話していて、家族のことば遣いが乱暴だと感じました。(家族の)性格はよく知っているので、誤解はないのでいいのですが、「もとの三河弁に直さないと、よそよそしくなったと思われてしまうのでないか」と少し焦りました。東京の言葉と差異があるという認識がその頃はまったくなかったので、とまどってしまったのです。いまは少し違うという認識があるので、すぐに直すことができます。

[(b)の解答例1]敬語を使うのは難しい。さまざまな場面でいろいろと使い分ける必要がある。電話に出るとき、人に道を尋ねるとき、目上の人と話すとき、etc……。わたしは小さいときからよく親に(というよりは祖父母の影響が強いが)教えられていたので、敬語の使い方は一通りはできているつもりだ。しかしそれでもバイト先などで仲間と話していて、突然目上の人に話しかけられるとタメ口をきいてしまってあわてることもある。最近気になるのは若い人のことば遣い。先生相手にタメ口をきいたり、人にものを尋ねるのに「あんた」呼ばわりしたり……。すべてがダメとはいわないが、もう少し礼儀を心得てほしい(自戒をこめて)。

[(b)の解答例2]僕は合気道部という、名前からして礼儀作法にうるさそうなサークルに所属している。実際、礼儀に関してはうるさくいわれる。

上の人に対することば遣いもけっこうチェックをうける。とくに師範に対しては敬語の使い方に気をつかわなくてはならない。中学、高校とほとんど部活に参加してなかったので、そういう上下関係というのにずいぶんと悩ませられた。やはり敬語みたいなものは、日常で使わないと身につかない。「社会人のマナー集」みたいな本を買ったこともあるが、はっきり言ってあんなものは読んでもしょうがない。あんなの読んだだけでは、いざという時に口から出てこないことばっかりだった。やはりだれかが敬語をつかっているのを聞いて覚えるほうがいいのだろうか。

それにしても、敬語というのは読んで字のごとく「敬う語」であると思う。どう考えても尊敬できない先輩にも敬語をつかわなくてはいけないのはどうかと思うが。年功序列の悲しいところである。

［解説］今回は自分の使っていることばについて、改めて考えてもらおうというのがねらいだった。(a)の方言のうち、アクセントについては「音韻論」のところでも考察したが、ここでは主として文体の面から考えてもらった。(b)の設問は、東京近郊出身者で自分のことばに地域方言を認識していない学生のために用意したが、積極的な解答が多かった。どうやら学生が敬語と出会うのは、主として部活動とアルバイト先らしい。

外国語と自分の母語を比べる

対照言語学と比較言語学

この節のテーマは対照言語学である。

この対照言語学とよく似た用語で、比較言語学というのがある。この比較言語学については、「どんなことばを学習するのか?」のところで少し触れた。これはその対象とする言語が歴史的に同系関係(つまり同じ語族)にあるか、または同系関係が予想される場合に限られる。それに対して対照言語学の場合は歴史的な関係を考えずに、言語体系を突き合わせて比べる。したがってどのような言語の間でも研究は成立することになり、たとえば同系関係のない日本語と英語でも比べて研究することができるのだ。この二つを混同している人が大学の先生でさえよくいるが、きちんと区別してほしい(ただしこの区別が人文系の学問すべてに通用するわけではない。たとえば「比較文学」というときは、もちろん同系かどうかなんて関係ない)。

対照言語学は、外国語教育に対して言語学から学問的背景を与えようとしたものである。このため理論よりは一つひとつの事実を積み上げていくという具体的な作業が必要になってくる。また母語については自明のこととしてついつい見落としてしまいそうな事項も、別の言語と対照することによって改めてはっきりと記述や説明をしなければならなくなる。日本語と英語は誰が考えたってまったく違う。だったらどこがどう違うのか(また反対にどこは同じなのか)ということをきちんと説明するのはなかなか難しい。これが対照言語学の目的である。

対照言語学の方法論

ではこの同系関係のない言語を比べるときの方法論について考えてみよう。

二つの言語を対照し、分析をしていくためにはまず、何と何とが対応する要素なのかということをはっきりさせる。これらの要素が対応していることを「等価」という。

たとえば日本語と英語の場合、その見かけ上の形式はまったく異なっているのがあたりまえだ。しかし、このように見かけの異なる「形式A」と「形式B」でも、それぞれの「内容A」と「内容B」が等価であると考えれば、

「形式A」=「内容A」、「形式B」=「内容B」、「内容A」=「内容B」

となり、その結果

「形式A」=「形式B」

という関係が導かれる(なんだかずるい気もするが、論理学的に考えても筋が通っているし、そもそも内容が等価であると考えなければ、翻訳なんか不可能になってしまう)。妥協的ではあるが、こう考えら

れるからこそ、コミュニケーションが可能となるのだ。

ただし強調しておくが、あくまでも「等価」というだけで、完全に一致しているのではない。二言語間でコミュニケーション上の機能がまったく等しいということはまずありえない。

ことばの「間違え方」

さて外国語を学習していくと、だんだんに知識が増え、表現も覚えていくが、しかし完璧な段階にまではなかなか達しない。完璧というのはほとんど不可能かもしれない。学習者の多くは知識ゼロと一〇〇パーセント完璧の中間の、さまざまな段階にあるはずだ。そこでこのような学習者の言語能力を「中間言語」と考える。あらゆる外国語学習者はこの「中間言語」の多様なレベルの中にある。完璧ではないので、間違うのは当然だ。外国語の教師もこのことはよく分かっているので、「間違いを恥ずかしがらないで、大きな声を出しましょう」というのだ（そうはいっても日本人の場合、これがなかなか難しい）。

その間違え方にもいくつかのパターンがある。教師はこのパターンについてよく知っておかなければならない。その中でも、母語が外国語にマイナスの影響を与えることがよくある。これを「干渉」という。「日本人的な英語の間違え方」などというのがその例だ。

たとえば言語学者ヘリンガーはこの干渉を五つの型に分類している。

①置き換えは、母語にないものを似ているもので間に合わせてしまう現象のことをいう。たとえば日本語話者が英語でthinkの[θ]、thisの[ð]の発音がうまくできないので、代わりに[s]、[z]で間に合わせてしまうような場合がそうである。

②区別のし過ぎと不足は、意味や音韻の対立に、母語の対立を持ち込んでしまい、その結果として余計な区別をしたり、必要な対立をしていないということが起こってしまう現象のことだ。日本人が英語のlとrの発音を区別するのが苦手だというのは、この区別の不足の例である。反対にたとえば英語のネイティヴが日本語の「ら行」を発音するとき、語頭はl、語中はrと勝手に決めて発音したら、それは区別のし過ぎである。

③母語の規則の過度の適用は、母語にも外国語にもほぼ同じ規則があるのでこれを適用しても間違いにはならないけれど、過不足が生じてしまう現象だ。日本語で「わたしは」を連発すると、間違いではないけれど不自然な感じがしてしまう。ところが英語やフランス語などを母語としている人にとっては、常に主語を表す癖がついてしまっているため、どうしても「わたしは」「わたしは」と繰り返してしまう。間違いではないけれど、日本語としては不自然だ。

④過度の規則化は、学習している外国語の規則を、必要以上に何にでもあてはめてしまう現象のことである。英語で複数形を学習すると、まず多くの名詞の最後に-sをつけると習う。それには違いないのだが、もちろん例外もあるわけで、たとえばbookの複数形がbooksだからといってsheepの複数形はsheeps*（この場合、*は文法的に正しくない形であることを示す）にはならない。このような間違え方を過度の規則化というのだが、考えてみれば間違った本人は規則に従って真面目に文法に取り組んだわけだから、間違いだといわれるとがっかりして、やる気がなくなってしまう危険性がある。外国語の教師はこういう心理面でもフォローしなければならない。

⑤直し過ぎ（hypercorrection）は興味深い現象である。学習している外国語の規則を一生懸命に覚えてこれを身につけるあまり、行き過ぎて必要以上に訂正してしまうことがあるのだ。先日、テレビ

で料理番組を見ていたら、なかなか日本語の達者なフランス人シェフがお菓子を作っていた。ボールにチョコレートムースを入れて、中心部に窪みを作り、その中に泡立てた生クリームを入れる。そのとき、このシェフは「真ん中にハナの形を作ってください」と言っているので、ちょっと変に思った。べつに花形に窪みを作っているわけではないのに。ちょっと考えてから気がついた。フランス語では[h]の音がなく、スペルではhと書いても発音しない。だから日本語の「花」も、注意を怠ると「穴」になってしまうのだ。このフランス人シェフはこの点にいつも気をつけていたのだろう。そのため、本来「穴」でよいところにまで[h]を加えてしまって、このような結果になったのだ。これがハイパーコレクションである。

（ヘリンガーの誤用分析については、Hellinger, M., *Kontrastive Grammatik Deutsch, Englisch*, Tübingen Niemeyer, 1997, pp. 12-17より。石綿敏雄・高田誠『対照言語学』桜楓社、一九九〇年、一八〜二三ページを参照。）

よい教科書とは何か？

学習者は真剣に外国語に取り組んでいるのに、どうしても間違ってしまう。間違えるのは仕方のないことだけれど、せっかく規則を覚えてそれを応用したつもりなのに、「それは例外」とかいわれると、何だかやる気がなくなってしまう。

このような誤用をきちんと分析すれば、その成果としてすばらしい教科書ができるはずだ。本来教科書とはその対象である学習者のことをよく考えて、難しそうなところ、間違えそうなところをきちんと分かりやすく説明する必要があるのだ。

そこで、よい教科書とは何かということを考えてみたい。

このことについては、千野栄一『外国語上達法』（岩波新書、一九八六年）の中に「学習書」という章があり、そこに明快に述べられている。したがってわたしがそれを繰り返すまでもないのだが、ここでは対照言語学という点に絞り、千野先生の本も参考にしながら考えてみる。

いまでは書店に行けば、そこには数々の外国語の教科書が並んでいる。英語の教科書が多いことは昔からだが、それ以外の教科書も最近ではずいぶんと種類が多くなった。アジアの諸言語の教科書がこの数年とくに増えたことは、誠に喜ばしいことである。

最初に注意をしなければならないことは、教科書には「教室用」と「自習用」があるということだ。「教室用」の教科書は教師がいることが前提となっているから、教師が説明して済むことは当然書いてない。概して説明は簡単だし、練習問題には解答がついていない。それが「自習用」の教科書だと、学習者がひとりですべてを理解することが必要なわけで、たとえば練習問題には解答がついていなければ困る。

また発音の学習のためにCDなりテープなりがついていることが望ましいのは当然だ（ただし古典語や人工語の場合は別だと思う。それでも最近、古典ギリシア語やエスペラント語の教科書にもテープがついているから、わたしとは考え方の違う人もいるようだ）。ただしあまり一般的でない外国語の場合にはそう選べる種類もなく、贅沢をいっていられないこともしばしばある。

しかしそれ以外は学習者の好み次第だと思う。『外国語上達法』には、たとえば学習書は薄くあるべし、一課の分量は一定であること、など細かい注意が書かれている。わたしも個人的にはこの意見に賛成なのだが、しかし強制するつもりはない。分厚い教科書を修行僧のように黙々と勉強するのが好きな人も、中にはいるかもしれないから。また、「文法論」のところでお話ししたように、具体的な場面での用法を覚えるのが得意な人は、文法よりも実用的な会話文が多く載っている教科書を選んだほうがよいだろう。さまざまな外国語のさまざまな教科書、わたしもすべてを把握しているわけではない。なによりも学習者自身が勉強していて楽しいという教科書が、いちばんよいに決まっている。

ただ、一つだけよくない教科書の特徴を挙げておく。それは習うより慣れろ、外国語の発想を身につけよ、というようなことを強調しているタイプの教科書だ。すでに子供時代が過ぎてしまったわたしたちにとって、母語を学習したときのように外国語を身につけることはできない。またその言語が話されている環境にいるとも限らないから、慣れるのはなかなか難しいことだ。そして、なんといっても外国人なんだから、そう簡単に外国語の発想が身につくはずもない。そういうできるはずもないことを謳っている教科書は、文法をきちんと書くことのできない、インチキな人が作った場合が多いのである。

その逆に、私がたまたま手にした教科書の中で、なかなかよいと思ったものを二つ紹介する。私にとって未知の、アジアの言語の教科書から選んだ。

一つは紹文周『語順で学ぶ中国語入門・文法編』（アルク、一九九四年）である。中国語は文法がない、などと乱暴なことをいう人がときどきいるが、もちろんそんなことはない。この教科書では中国語の文法を構文別に易しく紹介し、語順をキーワードに文法を解説している。挨拶や実用会話ばかりを重視した中国語の教科書が多い中、優れた一冊だといえよう。

もう一つは宇根祥夫『ベトナム語早わかり』（三修社、一九九五年）だ。このシリーズは大学受験参考書のような体裁で、ときどき手書きふうの文字でポイントが書いてあったり、みなさんにも親しみやすいかもしれない。その中でもとくにこの教科書が特徴的なのは、ヴェトナム語の中の漢語（中国から入った語彙で、かなりの割合を占める）について、図解しながら日本語の漢語との共通点を示し、単語を増やすヒントを与えてくれる点である。現代のヴェトナム語はローマ字しか使わないので、ふつうに勉強していたら漢語起源の語彙についてなかなか気づかないところだ。しかし日本人だったら漢字を思い浮かべながら単語を増やすほうが絶対に有利なはず。このような例はまさに対照言語学の一つの成果といえるだろう。

外国語学習にとって、どの教科書を選ぶかはとても大切なことである。よく考えて、自分にあったものを選んでください。

テスト9

外国人が日本語を話すときによくやってしまう間違いを、自分の経験の中から具体的に指摘し、分析しなさい。

［解答例1］どんな文でも最後に「～ですか」をつければ疑問文になると思っている（例：知っているですか?）。これは過度の規則化に当てはまると思う。

［解答例2］韓国から来た人が日本語を話す時、「ザ、ズ、ゼ、ゾ」が発音できなくて、「ヂャ、ヂュ、ヂェ、ヂョ」で代用していた。これは「置き換え」である。

外国人が日本語を話す時、日本語テストが優秀で文法がしっかりしている人よりも、発音のきれいな人のほうが、日本語が上手だなと思います。だから外国語は発音を重視して学習すべきだと思う。

［解説］自分の経験からきちんと分析ができている。発音のうまい人のほうが言語能力があると感じるのは、ネイティヴスピーカーに共通する傾向である。

［解答例3］間違いというほどのものではないが、気になるのは助詞が抜けてしまうこと。「私、お金、好き」。意味は通じるけれど間抜けな文だ。あとは文末や文の途中に「ね」とかがつくこと。「私、お金、好きなのね」、サンコンさんがよくこういうふうにしゃべっている。ビビアンもこういうふうにしゃべる。

敬語が使えない人もいる。日本人である自分もきちんと使えている自信はないが、マルシアはおかしい。あと気になるのは主語をいちいちつけること。外国語はそうなのかもしれないが、日本人できちんと主語をつけて話す人はそんなにいない。

でも単語だけ並べて話せばだいたい意味が分かるから、別にこのくらいはいいと思う、今日このごろ。

［解説］テレビなどでは日本語が少しおかしかったり、またおかしいことを売り物にしている外国人タレントが数多く活躍している。それをただ指摘するだけでなく、日本語の難しさはどこなのかということを認識し、自分が外国語を学習するときの参考にしてほしい。さらに間違いを批判するばかりでなく、外国語を駆使しようと頑張っている人に対しても温かい目をもってほしいと思う。なお、この解答の中のいくつかのテーマは、次の日本語学へ続いていく。

日本語教師への道は険しい

いままでは外国語学習を目指しながら、言語学のさまざまな分野を見てきた。ここでは少し視点を変えて、外国人が日本語を学習するときの問題点を中心に考えていきたいと思う。

この節は、佐々木瑞枝『外国語としての日本語』（講談社現代新書、一九九四年）を参考にしている。著者は日本の国立大学で留学生を対象に日本語を教えている教師である。これは専門家向けの理論書ではなく、実例を多く取り上げ、留学生の誤用パターンも分析した一般向けの読み物となっている。身近に留学生や外国人がいたり、学校や職場で出会う外国人の日本語に興味が湧いてきたら、一読をお薦めする。

「国語文法」と「日本語文法」との違い

かつて国語の時間に学んだ、日本語の文法を「国語文法」といった。この「国語文法」は日本人のための日本語文法を指す。これに対して外国人のための日本語の文法のことは「日本語文法」といってこれを区別している。「国語」を使うか、「日本語」を使うかによって、その教育の対象となっている人が違っていることを示しているのだ。だから、いままでにみなさんが学んだ「国語文法」とこのテーマである「日本語文法」はずいぶんと違ってくるはずである。

外国人にとって難しい発音とは？

まずは発音から考えていく。「日本語学」では教育が中心課題だから、発音についても「外国人にとって苦手な音は何か」ということが重要となってくる。

外国人がよくやる間違いで、われわれ日本語のネイティヴスピーカーにとって変に聞こえてしまう音には、たとえば次のようなものがある。

①清音と濁音の区別がつけにくい。（「ふた（蓋）」と「ふだ（札）」）
②「つ」が「ちゅ」になってしまう。（「しちゅれいする」）
③長音が短く聞こえてしまう。（「傾向」が「けこ」「けいこ」など）
④促音（ちいさい「っ」）が欠けてしまう。（「行って」が「いて」）
⑤撥音（「ん」）がきちんと発音されていない。（「本を」hon-oが「ほの」ho-no）

このうち①②については韓国語を母語とする学習者によく現れるそうだ（①については中国人もよく間違えると思う）。②に関してはわたしにも思い当たることがある。本当に日本語のうまい韓国人でも、「しちゅれいします」と発音しているのにときどき気づく。これは韓国語の音韻体系が反映され、言語干渉のうちの「置き換え」が生じているためである（しかしわたしは相手の間違いを指摘するどころか、「ああ、こんなに日本語のうまい人でも間違えるんだから、わたしのロシア語なんか……」と考えて落ち込んでしまう)。残りの三つについては全体的な傾向だそうである。

外国人にとってこの④がかなり難しいというのは(前掲書、四一〜四二ページ)日本人にとって意外である。この促音は文字で書くと「っ」となり、日本人にとってはいかにもその部分を発音しているように思うが、実際には次の音の準備をしているだけで、何も発音はしていない。この「空白の部分」を教えるのが厄介だそうだ。日本語の促音はカ行音の前[「げっかん」(月刊)]、サ行音の前[「はっさく」]、タ行音の前[「いったい」(一帯)]、パ行音の前[「いっぱく」(一泊)]にくることが多くある(こんなこと、指摘されなければまず気がつかない)。これらはどれも無声音なので聞き取りにくい。

文法のポイント

「国語文法」を学んだとき、わたしたち日本人は名詞とか形容詞など、品詞別に学習していた。では外国人はどのような順序で日本語を学ぶのだろうか。教育が目的だから当然、易しいものから難しいものへと移っていくはずだが、経験がなければたとえネイティヴであっても想像がつかない。外国人向けの日本語教科書を見て、「へー、外国人ってこういう順番で日本語を学習するのか」と初めて気がつく。

また日本語文法では常識的に使われている文法用語でも、国語文法とはずれているものがある。たとえば動詞は「ます」形という「〜ます」という形を一つの基本とし、「辞書」形(国語文法の「終止形」)よりも先に教える。実用を考えれば当然だろう。

文法についてはネイティヴだからこそ気がつかない、さまざまな興味深い現象がある。そのうちのごく一部を引用・紹介しよう。

「てフォーム」というのは、耳慣れない用語だ。これは動詞を「て」の形にして、その後に補助動詞と呼ばれるものをつけた形からできている。例を挙げよう。

動詞「書く」＋て＋いる　書いている
　　　　　　　　＋おく　書いておく
　　　　　　　　＋ある　書いてある

同様にして「＋みる」「＋しまう」「＋あげる」「＋くれる」「＋もらう」などもつけることができる。このようなさまざまな補助動詞が使えるようになれば、表現の幅も広がってくる。

ではこの「てフォーム」はどうやって作るのか？　これはネイティヴであるわれわれにはなかなか難しい。動詞と「〜て」を結び付けることはできるが、そのときいつ「〜て」になって、いつ「〜で」などになるのか、うまく説明できるだろうか？

五段動詞の終止形は「う（買う）、つ（勝つ）、る（取る）、む（噛む）、ぶ（遊ぶ）、ぬ（死ぬ）、す（移す）、く（書く）、ぐ（泳ぐ）」のいずれかで終わる。「てフォーム」を作るときにはこれを五つのグループに分ける。

①「う」「つ」「る」→「って」②「む」「ぶ」「ぬ」→「んで」③「す」→「して」④「く」→「いて」⑤「ぐ」→「いで」

これに対して一段動詞（国語文法では「上一段活用」と「下一段活用」の動詞）はこれとは違って語尾の「る」を「て」に置き換えればよいだけで単純だ（例：着る→着て、寝る→寝て）。

大切なことは五段動詞と一段動詞をしっかりと区別させることである。「切る」「帰る」は一段動詞のように見えるので、例外として注意を促す必要がある。

「切る」（五段動詞）→切って：「着る」（一段動詞）→着て
「帰る」（五段動詞）→帰って：「変える」（一段動詞）→変えて
また「行く」も例外と考えるべきだ（「行く」→行って）。（以上前掲書、八三〜八九ページ参照）
このように動詞を活用別に分類するだけでもなかなかたいへんである。ふつうの日本人はこんな分類をすぐにはできない。

敬語を使う場面

もう一つ、日本語学習のなかで最も難しいとされている敬語の教え方について考えてみよう。ここではその形式ではなく、どのような場面で敬語を使うのかを考える。

俗に日本はタテ社会で、このタテ関係にあるときに敬語を使えばよいと考えがちだ。しかしそれだけだろうか。佐々木瑞枝氏は、たとえばＰＴＡの集まりのとき、父兄が社会的にどんなに高い地位があっても、また先生がどんなに新米であっても、父兄から先生へは敬語が使われると指摘する（前掲書、一七一ページ）。ここで敬語が使われる場面を次のように分類している。

①恩恵：教師と父兄、医者と患者
②先後：先輩と後輩
③利害：お客と店
④上下：社会的地位による
⑤親疎：あまり親しくない人に対して

なるほど。②③④はすぐに分かる。④は必要以上に若く見られるわたしの場合、いろいろと経験がある（以前、教務課に行って休講届を出そうとしたら、事務から「なんで？」といわれた。どうも学生と思われたらしい）。しかし他は指摘されて初めて気がつく。①は、たとえばわたしが社会人クラスなどでロシア語を教えているとき、生徒がわたしよりもはるかに年上で、しかも社会的地位も比べものにならないときでも、わたしには敬語を使っている。⑤もたとえば政治討論会などで、与党が野党の議員に「○○党さんは……」といっているときの「〜さん」だなと思うとなんだかおかしい。

ことばを使うときには、文法だけでなくその場に相応しいことばを選ぶことが必要となってくる。わたしたちは長い時間をかけて学んだ「常識」によってことばを使い分けているのだが、このような社会的な関係を知らない人に説明するのは、確かになかなか難しいことなのだ。

外国人との接し方

実際、ある言語が使いこなせるということと、それを説明できるということは質の違うことである。また、外国人にとって何が難しいのかということも、ネイティヴは多くの場合分かっていない。たとえばほとんどの日本人は「易しい日本語で説明する」という経験をしたことがないので、相手のレベルを考えて単語を選んだり文体を変えることができない。外国人がちょっとでも日本語を話してみせると、こっちのいうことはすべて理解してもらえるんだと思ってペラペラと話してしまう。困ったことに親切な人ほどこの傾向が強い。

わたしが大学院生だったとき、研究室に韓国から来た留学生がいた。露語露文学専攻の院生ばかりなので言語については自分でも苦労してきたはずだし、相手を見て手加減して話すことができるのかと思ったら、ほとんどの人がだめだった。とくに熱心に文学理論を説明したがる優秀な人ほどこの傾向にあった。わたしはその留学生と専門が必ずしも近いわけではなかったが、分かり易いことばを選んで話すことができたので信頼され、よく日本語のことで助けてあげて、仲よくなった。

誰もが日本語教師になれるわけではない

少し前だが、英会話ブームに代わって日本語教師ブームとでもいうべき現象が起こり、多くの人が日本語教師になりたがっていた。これは現在でもある程度続いているかもしれない。日本語を教えるのなら英語を勉強するよりは楽そうだし、国際的でカッコよく、しかも「ガイジン」のお友だちができるかもしれないという、甘い考えの人もいたようだ。しかし、日本人なら誰でも日本語教師になれると思ったら大間違いである。日本語の教師は、日本語がただ話せる、使いこなせるというだけではだめだ。教え方や学習者の間違いの特徴を的確にとらえていることが必要になってくる。他の外国語の教師と同じく、基礎知識と経験が要求されるのだ。そしてこのような基礎知識のないネイティヴが教壇に立っても、授業がうまくいくはずはない。

また言語の学習には媒介語を使用しないほうが上達は早いと、神話的に信じられているようだが、これが怪しいということは「対照言語学」でも紹介した。すなわち、日本語の教師もできることなら学習者のことを正しく把握して、英語や中国語で説明をしたほうがよい場合があるのだ。少なくともナントカ語を母語とする人はこういう間違いをする傾向がある、それはナントカ語にこういう特徴があるからだ、ということを理解できれば、ずっと効果的な授業ができるはずだ。

ネイティヴ利用法（？）

しかし、知識のないネイティヴはまったく役に立たないのだろうか（なんとも失礼な発想である）。これは私たちの外国語学習にも関係してくる。せっかく外国人がそばにいるのだから少しはことばも覚えたい。また日本ではあまり馴染みのない珍しい言語を話す人で他に代わりがいない。こういったときにはどうすればよいのだろうか？

もちろんこのような人たちから学ぶこともたくさんあるはずだ。ただし学習するときにはこちら側がしっかりと押さえておくべきことがある。

①文法に関する質問は絶対にしないこと。

②発音と作文を直してもらうこと。

文法は自分で教科書や文法書を読んで勉強すること。また、そのネイティヴとおこなう授業用の教材はこちらで選ぶ。発音はネイティヴが聞いて誤解が生じないレベルをまず目指そう。そして添削してもらった作文も、なぜ直さなければならなかったのかは自分で考えることにして、このほうが自然な表現なんだと納得して学習していくことにする。こうすれば、言語教育の知識のないネイティヴから学ぶことも、きっとできるだろう。

もちろん、人間的によい関係を築くこともとても大切だが。

テスト10

外国人が日本語を学ぶときの難しさと、日本人が外国語を学ぶときの難しさの違いはどのようなところにあるのだろうか。具体的な例を挙げながら説明しなさい。

［解答例1］日本人が例えば英語を学ぶときに、まず最初に苦労するのが語順である。中学生に英語を教えたりする機会があると、この語順について笑ってしまうような間違いと出会う。

逆に外国人が日本語を学ぶときには、助詞の用法に苦労したりするが、語順が多少変でも私たちは理解することができる。

［解答例2］日本には外国のことばがそのままカタカナであらわされている単語が多いようだ。「チョコレート」とか「カフェオーレ」などは日本人のほとんどが知っている単語だ。日本人が外国語を学ぶとき、外国語でこのような単語が出て来ると、「ああ、この言葉は知っているよ」と親しみがもてる。日本語の単語が外国語に流用されているという例は聞いたことがあまりないから、外国人が日本語を学ぶときにこういったことを感じるのは稀だろう。

ただ日本人は「カフェオーレ」が何語で、「チョコレート」が何語だという認識がいまいち欠けているようで、その点では中途半端な知識はかえって難しくするかもしれない。

［解答例3］それぞれの国に文化の違いがあるのだと思う。例えば僕が中学生のときに習った英語で「兄」と「弟」をbrother、「姉」と「妹」をsisterとして区別していないことを知ったが、日本人の僕にはすごい不便そうに感じた。しかしそれが英語圏の人にとっては普通であり、逆に日本語で「兄」と「弟」を区別することは、英語圏の人にとっては難しく感じることなんだろう。

［解説］どの解答もよく観察していることが分かるが、中でも3は鋭い。それぞれに難しいところが違うということに気づいてもらうのがねらいである。

英語はもういいでしょう？

長々と言語学の話をしてきた。でも勘違いしないでほしい。いちばんはじめに話したように、ここで取り上げたのはあくまでも「外国語学習に役立ちそうなこと」だけで、これが言語学のすべてではない。触れなかったテーマもいろいろとある。興味のある方は他の言語学概説書を読んでみてください。

例としては親しみやすいように日本語や英語を多く取り上げたが、本当はみなさんにさまざまな外国語に興味をもってもらいたいというのがわたしの願いである。ここまで読んで、自分もなにか外国語を勉強してみようかなと思ってくれれば、嬉しいのだが。

どんな外国語を選ぶか？

ではどんな言語を選べばよいのかとなるが、それは何だっていいんだというよりほかない。言語はどうしてもそれが話されている社会と密接に結び付いている。ということは、それぞれが興味のある地域や社会の言語にアプローチするのが自然なのに決まっている。となればそれはもう個人の好みだ。

もちろん、どんなことがきっかけで自分の属している社会以外に興味を持つのかはさまざまだろう。たとえば身近に外国の人がいる場合。それは研究室に来ている留学生かもしれないし、親戚の配偶者かもしれない。そうだったら迷わずその人の話す言語を学ぶべきだ。とくに自分の配偶者だったら、あたりまえだよね（もちろん、愛はことばだけではない、そりゃそうなんだが、でもことばが分かったほうがもっと理解し合えるでしょう？）。

そういう劇的（？）な出会いがなければ、本当に自分の好きなことばを学べばいいのである。何を選ぼうが自由だ。きっかけはいろいろと考えられる。テレビの海外取材番組が面白かったり、読んだ本に影響されたり、映画が楽しかったり……。そこまでいけば、あとは感性の問題。語学教師が口を出すことではない。

さらには、きっかけが何もなくてもよいのではないかとさえ思う。書店の語学書コーナーに行って、なんとなく気に入った教科書を買ってしまい、勉強を始めるなんていうのも悪くないだろう（だから、教科書を作る側としてもなるべく魅力的な本にしたいと考えるわけである。とくに装丁とかレイアウトにも気をつかいたいと、少なくともわたしはそう考えながら本を書いている）。

立派な大義名分がなければ外国語学習を始めてはいかんとは、誰もいっていない。いや、これはわたしの個人的な感想だが、大義名分がある人に限って語学のほうは挫折したりするケースも多い。たとえばチェルノブイリ原子力発電所の事故がきっかけで、環境問題に関心のある人びとが数多くロシア語を始めた。あの事故以来十年以上が経ったが、そういう中からロシア語のうまい人が現れたとはついぞ聞かない。わたしはエコロジストが語学に向いていないといっているのではない。そうではないが、しかしこれは当然だろう。そういう人たちの興味は語学ではなく、環境問題なのだから。どちらにより多くの時間を割くのかは、自ずと決まってくる。

潔くやめてしまわないこと

外国語学習のためには、やはり時間がかかるし、小難しい文法用語とも付き合わなければならない。テープを流しながら奇妙な音を発しなければならず、家族から奇異の目で見られることもしばしばある。学習のプロセスそのものを楽しむのは、なかなか困難かもしれない。それでもしばらく辛抱して続けていれば、必ず何かを得ることができるはずだ。そう、しつこくやることが大切だ。特別な才能はいらない。この点は誤解されていることが多いので強調しておきたいのだが、外国語の学習は才能の問題ではない。勤勉さと機転、それだけなのである。

語学を極めることは無理だ。スペシャリストでさえそうなんだから、ふつうの人だったらなおさらである。大切なのは気を楽にすること。生半可な知識も、語学だったらなかなか楽しい。挨拶ぐらいしか覚えられないとしても、べつに人を傷つけることにはなるまい。これがたとえばスキーとか車の運転だったら、命にかかわってくるのでそうはいかない。語学は有り難い。

ことばが話されている地域への興味

自分の選んだ言語が使用されている地域や社会には、なんとなく愛着が生まれてくるから不思議なものだ。あなたがα語を学んでいるとする。すると語学学習以外にも、だんだんとα語使用地域に興味が湧いてくるだろう。新聞にα国の記事が載ればどんなに小さくても目を通すようになるし、α国料理のレストランがあれば行ってみたくなる。α語使用地域に関する本を読んだり、映画を見たくなったりする。テレビでα国大統領が演説をしていれば、一言でもα語を聞いてみたいと思い、通訳の被せる日本語が邪魔だなあと感じるだろう。身近にα語を話す留学生が現れればもちろん友だちになりたいし、できればα国にも行ってみたくなるのだ。その旅行はもちろん、単なるお買い物ツアーとは違ってきっと有意義なものとなるだろう。

確かに英語は便利だ。日本人だったらある程度勉強しているし、世界中で多くの人が理解してくれる。でも、英語だけが外国語ではないのだ。「ナントカ語一筋」なんて、決める必要は何もない。変な操を立てる必要は全然ないのである。いくつでも勉強していい。なんたって、みなさんはプロではないんだから。たとえば、テニスの好きな人がバレーボールや水泳やスケートをやったからといって、不都合はないでしょう？ もっともプロだったら筋肉の付き方などいろいろとデリケートな問題があるかもしれないが。こういうときはプロでないほうが幸せだ。

さらに、いますぐに外国語の勉強を始めることもない。必要がなければ、人間やる気も起こらないものだ。ただ、いざ必要となったとき、どのようにして勉強すればよいか、そのために役立ちそうなことをいろいろと紹介しようというのが、この章のねらいだったのである。

総合テスト

このような一二回にわたる講義のあと、簡単な総合テストをおこなった。問題は大きく二つに分かれ、一つは言語学の術語の意味を問うもので、もう一つは論述問題である。この論述問題では二つのテーマが与えられ、どちらかを選ぶことができる。こういう問題はもちろん答えが一つではない。学生たちはいろいろなことを書いてくれたが、その中でもとくに面白かったものを紹介する。いままでに優れた答案を書いてくれた学生たちにこの場を借りて感謝を表したい。

Ⅰ－a．次の語群より一つ選んで、簡潔に説明しなさい。

①共時態　②ＩＰＡ　③クリック　④音節文字　⑤hypercorrection　（解答略）

Ⅰ－b．次の語群より一つを選んで、二つを比べながら簡潔に説明しなさい。

⑥語族と諸語　⑦音声学と音韻論　⑧屈折語と膠着語　⑨ピジンとクレオール　⑩比較言語学と対照言語学　（解答略）

II．次の〈a〉〈b〉より一つ選んで論述しなさい。

〈a〉同じ研究室の留学生から、「日本語を教えてほしい」と頼まれました。あなたはこの留学生に協力しようと思います。この留学生はアジア出身ですが、英語はよくできます。日本語歴は三カ月、日本に来てから始めました。

この留学生のための学習カリキュラムを作成しなさい。

〈b〉あなたは三ヵ月後から二年の予定で、X国へ専門分野の研修に行くことが決まりました。研修所ではわりと英語が通じるので、あなたの研修に関しては問題がありません。しかしX国の公用語はあくまでX語であり、街では一部を除いてX語しか通じません。あなたはX語の学習を決意します。

X語の学習計画を立てなさい。

〈a〉日本語を教えることについて

解答例1（きちんとした女子学生の答案）

研究室の留学生であるということは、ある程度理論的に教えたほうがよいかもしれない。でも、自分が知っているのは国語文法である。よって、まず書店で日本語文法の本を買う。文法について細かく聞かれても分からないので、文法については独学してもらうということを暗に含めて。

三カ月の経験あり、ということは、あいさつと簡単な文章まで理解でき、書けると考える。よって、日本語を「直す」ことを教える。

1．音：外国人の間違えやすい音について。日本語の文章を書き、それを読んでもらう。間違えたら同じような文章で繰り返す。

2．文法：動詞の語尾の変化について。これは私自身ちゃんと分かっていないので、本を中心に。何個か比較してみる。

3．文章：敬語にとりかかる前に、文章というより、軽い会話をおこなう。敬語まで続けてやると混乱するので、体系を身につけるという感じで。

4．敬語：日本語にとって、敬語は不可欠である。よって、敬語を使う状況と使い方を、必要最小限のみ教える。

5．文章：作文を書いてもらい、添削する。

以上のようにおこなう。私自身、日本語を詳しく理解していないので、教えるというよりも、あまりにも不自然な所を直すという気持ちでのぞむと思う。

解答例2（面倒見のよい男子学生の答案）

本来、「親の都合」などでやむを得ない場合ではなく、「留学」ということをするのに、日本に来てから日本語を学び始めたなどという覚悟のない者に対して教えてやりたくないのだが、頼まれると断れないわたしは仕方ないのでスパルタ教育のカリキュラムを立てるだろう。

とりあえずこのようなカクゴのない者は多少恥をかいたほうがいいくらいなので、日常会話はほとんど教えない。必要に迫られてもう三カ月も経つということもあり、人間、必死になればなんでもできるだろうということだ。では何を教えるか?「留学」しに来たので「学問」が分からないといけない。専門分野の基礎は分かって当然、分からないほうが悪い。ということで、とりあえず聞いて分かるというようにするようにしたい。幸い、うちの大学の学問用語はカタカナが多い。シュレディンガーは人名であり、エチレン$H_2C=CH_2$など、親しみやすいところから教えていき(このへんは辞書に載っていないだろう)、あとはあの学者の尊大で分かり難い話し方(通常使われていないような)、たとえば「であるからして」「〜の考察するところによると」などをやる。そうこうしているうちに月日は経って、ふつうの会話程度はいつのまにかできるようになるであろう。それは本人の努力次第である。

解答例3(元気のよい男子学生の答案)

—はじめに—　この留学生は頭もルックスもよく、しかも積極的で色黒ということが前提である。

Lesson 1　—あいさつをしよう—

まず、すべてのことばの基本はあいさつから始まる。「おはよう」。さわやかな笑顔を忘れずに。

Lesson 2　―さんま定食を頼もう―

一緒にごはんを食べに行く。レストランでもいいが、ここでは敢えて日本食にしよう。

Lesson 3　―「昨日のテレビ見た？」―

もうそろそろ日本にも慣れてきたはず。ふだんの会話の中にも日本語を交えて、日常会話を楽しもう。話題は何でもよし。興味を持ったことを、積極的にしゃべりまくろう。

Lesson 4　―サタデーナイトフィーバー―

日本語を話すことに楽しみを覚えたら、その巧みな話術でクラブに行こう。ブラックライトで黒い肌がますます真っ黒。白い歯が一段と輝くだろう。土曜の夜は君のモノ。

Lesson 5　―我が母国、ニッポン―

もうここまで出来たら、君は立派な日本人もどきだ。もっと日本という国に興味があるのなら、日本の文化を学ぶこともいいだろう。お寺参りをするもよし、お茶をたてるのもよし……。ただし日本人でもここまで極めている人は少ないのでほどほどに。あまりやり過ぎると「ダニエル・カールⅡ世」と呼ばれるので注意しよう。

何事も根気よくやれば出来るのである。

「なせば成る、なさねば成らぬ」

〈b〉海外研修について
解答例４（きちんと準備をする女子学生の答案）
一カ月目：一～十の数字。X語の発音。「こんにちは」「ありがとう」「いくらですか」「高すぎる(負けてもらうため)」「お手洗いはどこですか」といったあいさつことば、買い物に必要なことばを覚える(実際、わたしが中学に行ったとき、いちばんつかったことばは「お手洗いはどこですか」であった)。

二カ月目：病気になると困るので、「医者にかかったとき」のことばを覚える。もちろんテープ付きで。文法の学習を始める。

三カ月目：文法の学習は続ける。住むのには土地カンが必要なので、その国の都市名などをX語で覚える。

この三カ月の勉強をすれば、研修生としての研修生活はバッチリ。なぜなら、研修所では英語が通じるので、研修には困らなく、必要な買い物や必要なことを満たすための会話なら、この三カ月の勉強を生かせばなんとかなる。

しかしそれだけでは潤いがない。X国の人びととの語らいやジョークが心の潤いとして必要だろう。よってX国に着いたら恋人を作る！　恋人さえできれば楽しくかつ外国語も上達で一石二鳥？

解答例5（実践的な男子学生の答案）

X語が必要になったとはいっても、それはX国の街に出たときに使えるだけの能力でいいのである。また日本にいる三カ月間に出発の準備やら何やらで忙しいのに、X語を自由自在にするなんてことは無理である。

よってまず第一に旅行のガイドブックまたは旅行用のX語表現集のようなものを買っ

てきて、あいさつ表現、数字、一月から十二月、日曜～土曜、春～冬のような単語を覚えることから始める。またこのとき綴れる必要はない。

次に道を尋ねる表現、乗り物に乗るときの表現、買い物に行くときの表現など、日常の生活をする上でとくに必要なフレーズを覚えていく。

最後に「薬局」「男」「女」「出血」「嘔吐」などの（生活する上で）重要語を覚える。

日本ではこれだけできれば十分である。

あとはX国に飛んだ後、街のあらゆるところで出会うX国の人たちと日本で学んだことを使いながら生活し、分からないことは研修所で、英語を使って友人に尋ねたりしていれば、自然とX語を使えるようになるはずだ。またX人と文通がしたくなったりしたら、X語が綴れるように綴りを覚えていけばよい。しかし書くことは必要ではないだろう。

よってまとめると、
①日本で旅行表現を覚える。
②X国で積極的に人と接し、それを使えるようにする。
必要なのはここまでだが、あとは興味が出てくれば学習する。

いろいろとコメントしたいことはあるのだが、ここではやめておく。ただわたしがどうしてこの五人の解答を評価しているのかといえば、それはどの場合も、外国語を学習するのは人間と付き合うためだということを忘れていないからである。

第iv章

外国語

本と映像に見る

外国語は決して遠い存在ではない。ポケットに入る手軽な文庫本、いまでは見向きもされない古い教科書、レンタルで簡単に見られるヴィデオ、そんな中にも言語に関するテーマがたくさんある。実際の学習法にヒントを与えることもあるが、なによりも知らない世界への扉を開いてくれるのが楽しい。

この章ではわたしの好きな本や映画より、言語の観点から見て興味深いものをいくつか紹介する。いわば言語学的書評・映画評である。

絶対に勉強したくなる！

［稲垣美晴『フィンランド語は猫の言葉』講談社文庫、一九九五年］

これはわたしが最も評価する、そして最も好きな留学記である。単行本が出版されたのは一九八一年。以来わたしはこの本を何回も読み返した。著者の稲垣美晴氏は東京芸術大学の卒論のテーマとしてフィンランド美術史を選び、その後留学をし、以来フィンランドの紹介に努めている。

とにかくよく勉強する。はじめは外国人向けの「フィンランド語と文化」コースで学習するが、のちには「フィンランド語学科」にまで学ぶ。ふつう留学記には、外国語体験の苦労話が多少ある程度で、あとは友だちがどうしたとか、こんなところを旅行したなどといった、単なる印象を語って終わってしまうものが多い。しかしこの本は違う。自分が真剣に向き合ったフィンランド語の勉強記を、語学として正面から、しかもユーモアたっぷりに書き記しているのだ。各章の題も「フィンランド語の文法」「フィンランド語の方言」「フィンランド語の古文」と、まるでフィンランド語概説書の目次のように思われるものさえある。しかしこのどれもがすばらしく楽しいエッセイなのだ。

「フィンランド語ってどんな言葉なの？」

ときかれると、私は、

「エストニア語に似てるの」

と答えるのだが、そうすると決まって、

「エストニア語ってどんな言葉なの?」

という質問IIが返ってくる。

「フィンランド語によく似ているのよ」

と答えると、相当な剣幕で無責任な態度を非難されるので、ここではもうちょっと詳しく説明してみようかと思う。

(二〇〇~二〇一ページ)

茶目っ気たっぷりの文章だが、しかしフィンランド語のことを何も知らない人のために、いつでも分かりやすく親切に解説する。そして読者はいつの間にかフィンランド語に興味を持ってしまう。

すべてのエネルギーを費やしても惜しくないほど、ことばには魅力があるのです。私はフィンランド語の勉強に、相当なエネルギーを費やしました。だからこの本は、私の「エネルギー白書」でもあります。「エネルギー白書」と呼ぶのが勇ましすぎるなら、美しいフィンランドに宛てたラブレターとでも呼ぶことにしましょうか。

(二六五ページ)

ああ、読み返していたら、またフィンランド語が勉強したくなった!

言語と正面から向き合う

［鷺沢萠『ケナリも花、サクラも花』新潮文庫、一九九七年］

作家である著者は二十歳を過ぎるまで自分に韓国人の血が流れていることを知らなかった。そんな彼女が一九九三年一月より半年間、ソウルに語学留学をする。

いまこのように書き出してみたが、こういう紹介がいちばんよくないと自分でも思う。この二行から人はなにかを勝手に納得し、解ったような気になってしまうのではないか？

この本は外国語と正面から向き合った人間の叫びである。ことばを通して文化理解を、なんていう甘っちょろいもんではなく、むしろ闘いの記録といってもいい。

たとえばソウルの一流ホテルで。日本人の中年男性がホテル内にあるレストランが何階にあるか日本語で聞き、それに韓国人のフロントマンが日本語で「オカイです」と答えた。単純な母語干渉の例であるが、コミュニケーション上は困らない。しかしこの日本人はそれを「ゴカイだろ？」と聞き返し、さらに「オカイって言うから何のことかと思っちゃったよ、ハッハッハッハー」と嘲る。

絶対にそんなことはないと思うが、もし万一そのオヤジが韓国語以外の数か国語を喋れるとしよう。「絶対にそんなことはないと思う」とわたしが言ったのは何もそのオヤジの風貌その他に起因しているわけではない。一度でも外国語とがっぷり四つに組んだことのある人ならば、ああいう態度はとらないはずだと思うからだ。

（一九ページ）

外国語に苦労しているからこそ、これがすごく頭にくる。似たような経験は韓国に限らず至るところにあり、わたしもこの著者と似たような、イライラする気持ちが湧いてくるのを感じることがある。この本は単なる留学記ではなく、著者自身がソウルで考えたいろいろなことが書き綴られている。人によってはそれを思い込みや感情論だととらえるかもしれないが、しかし外国語と「がっぷり四つに組む」とはそういうことなのである。

いずれにせよ、「どんなに楽しいか判らない」と簡単に言いきってしまえるほどストレートには、とてもではないがなれない。

（八七ページ）

わたしもロシアという一筋縄ではいかない国と長年付き合ってきたので、こういう気持ちがよく分かる。もちろん、わたしの場合はロシア人の血が流れているわけではない。しかしかの国には血と同じくらいに厄介な「イデオロギー」というものがあった。

外国語の学習に関しては第七章に多く語られているが、たいへんにオーソドックスで、だからこそ実感なんだとこちらにも伝わってくる。ことばに対する態度も真面目である。

ことばを知っているのは凄いことなんだ！

［ウイリアム・サローヤン『我が名はアラム』福武文庫、一九八七年］

著者ウイリアム・サローヤンはヘミングウェイやスタインベックと同時代のアメリカの作家である。彼はアルメニア系の移民で（アルメニア系の姓は〜ヤンで終わるのが多い。例：ハチャトリヤン、カラヤン、ミコヤンなど）、その作品にはさまざまな移民たちがたくましく生きる姿が描かれており、エスニックな雰囲気が全体に漂っている。この『我が名はアラム』の主人公もやはりアルメニア系移民の子で、そのイメージは著者と重なる。

この中に「川で泳ぐ三人の子供と、エール大学出の食料品屋」という短編がある。主人公アラムは従兄のムーラッドとその相棒であるポルトガル人のジョーとの三人で、四月のまだ肌寒い日に川へ泳ぎに行き、その帰りにダーカスの食料品店に立ち寄る。店の主人は話し好きで、三人にいろいろと話しかけてくる。

「ところで、君たちはどんな外国語を話すのかね？」

「僕はポルトガル語が出来る」

ジョーが言った。

「それでも教育を受けていないなんて言うのか」

と食料品屋が言った。

「わしはエール大学を出たのだがね、それでもポルトガル語は出来ないよ。それから君はどうだね?」

「僕はアルメニヤ語が出来る」

とムーラッドが答えた。

「それじゃあ、わしなんかだったら、ブドウの房からちぎられて、一粒ずつ若い娘に喰われちまうってことになるぜ。わしはアルメニヤ語など、一言も知らん。それなのに一八九二年に大学を出たんだ」

（一五二〜一五三ページ）


話の筋とは直接に関係のない、一つのエピソードに過ぎないのだが、わたしはこの部分がとくに好きで、何度も読み返した。移民の子供だからそのことばができてあたりまえだ、とは思わない食料品屋の主人。そう、ことばを知っているのは凄いことなのである。実はこの主人、かなり変わった人であるが、とにかくこのなんでもないエピソードに移民社会アメリカの雰囲気を感じる。

大家族制的ムードをそのままアメリカに持ち込んだアルメニア移民社会。同じコーカサス地方はグルジア・アブハジア共和国出身の作家、ファジーリ・イスカンデールの作品（邦訳は『牛山羊の星座』群像社）に繋がるような温かく、そしてどこか滑稽な雰囲気が心を和ませる作品である。

ときに言語は狂気となる

［デボラ・オメル『ベン・イェフダ家に生まれて』福武文庫、一九九一年］

エリエゼル・ベン・イェフダは現代ヘブライ語の父と仰がれる国民的英雄である。二十世紀初頭まで宗教儀式にのみ限定された死語であったヘブライ語を、彼は日常にも使える言語として見事に復活させた。しかしその苦労は並み大抵のものではなかった。

物語はエリエゼルの息子、ベン・ツィオンの視点で進んでいく。ベン・ツィオンはエリエゼルの方針により、生まれてからヘブライ語以外の言語には接することのないように、気をつけながら育てられる。そのためベン・ツィオンは友だちもできず、ろくな本も読めず、孤独な思いをする。彼は自分のおかれた立場を思って常に苦しみ続けるのである。

だから彼が三年生になってフランス語の授業を受けたときの喜びは、同じクラスのふつうの子どもにとっての、単なる物珍しい外国語という感じとはまったく違っている。

ベン・ツィオンは語彙が豊富で優雅なフランス語にひかれていた。フランス語はベン・ツィオンに、豊かに実ったすばらしい文化を知る機会をあたえた。それに、フランス語を覚えたおかげで、ベン・ツィオンは他の子どもたちと対等につきあえるようになった。他の子どもたちと同じようにフランス語を自由に使いこなして、友だちの話に口をはさむこともできるようになった。もう、仲間はずれでも、ひとりぼっちでもなかった。

（一〇四ページ）

ベン・ツィオンにとってもう一つ嬉しいのは、面白い本が読めることだ。先生がジュール・ヴェルヌの『八十日間世界一周』を貸してくれる。ベン・ツィオンは夢中になるが、フランス語を読んでいるところを父に見つかれば怒られるので、ベッドの中で隠れるようにして読む。少年向けの読み物が溢れ、読書が推奨されている現代日本の環境からは想像もつかない世界だ。この場面がわたしには最も悲しい。しかし、崇高なる使命感に燃えるエリエゼルは無慈悲である。彼はヘブライ語のためだけを考え、息子にさまざまな制限を加える。極貧と病気のため家族は次々と亡くなり、またエリエゼルの行為は「聖なることばを冒瀆するもの」として、同じユダヤ人からも迫害を受ける。

もちろん、最後にはベン・ツィオンも父のことを理解し、初めてヘブライ語のみで育てられた自分を誇りに思うようになる。偉人伝なので、結末は決まっており、そこにたどり着くまでにどんなに苦労があったかが語りのヤマとなるわけだ。

しかし、である。いくら偉業のためとはいえ家族にはいい迷惑だ。美談かもしれないが悲劇でもある。言語はただの道具に過ぎないなどといえるのは、すでに確立している言語を受動的に学んでいくだけだからである。では言語を創ろうとすればどうなるか？　そこにはふつうの人が想像もできない、言語の別の一面が潜んでいるのである。ときに言語は狂気となる。

音が一つずつ消えていく

［筒井康隆『残像に口紅を』中公文庫、一九九五年］

馴染みのない文字を使う言語を教えていると、新学期はたいへんだ。まだ文字を全部は勉強していない一年生には、習った範囲内で文字を並べては、単語を少しずつ教えていかなければならない。うっかりするとまだやっていない文字を使ってしまい、「先生、それなんですか？」とつっこまれる。

この小説はそれとは逆に音が一つずつ消えていく。筒井氏はそれまでにもさまざまな実験的な小説を発表しているが、これは言語学的に見てとくに興味深い。主人公の小説家、佐治勝夫は、評論家の津田得治にもちかけられ、だんだんに音が消えていく中で小説を書くことを約束する。

「日本語表記の『音』をひとつずつ消していく」と、津田は言った。「いちばんわかりやすいからね。その音の含まれていることばは使えない。つまり『か』がなくなれば『漢字』とか『鏡』とか『ぴかぴか』とか『フォーカス』とかのことばもなくなる。いいかい」

「よかろう。しかし、ちょっと待ってくれよ。日本語の音は母音と子音から成り立っているんだぜ。母音がひとつなくなると、それにつらなる子音も全部なくなるのかい」

「それだと早く片がつきすぎるだろう。たとえば『い』がなくなると同時に『き』も『し』も『ち』も『に』もなくなったのじゃ、母音五つを消すなり世界は消滅だ。これはいいことにしようじゃないの。つまり別ものと考えよう。日本語で書かれた小説なんだ。子音だけで発音できることばなんてないんだから」

(二〇〜二一ページ、ただし最後の表現はちょっとまずい。「ん」は子音だけだが発音できる。)

虚構は現実と交差していく。すでに小説の冒頭から、日本語の中で重要な一つの母音が消えている。音が消えればものも消える。話が展開していけばいくほど、制限は多くなるのだ。たとえば、

机の上の電話のダイヤルからは多くの数字が欠落してしまっていた。残っている数字は「2」「3」「4」「6」「0」だけで、これでは津田が住んでいる都市への市外局番を回すことができない。

(一一六ページ)

外国語の授業ではだんだんと使える文字が増えていくのに、これは逆になっている。ネイティヴにとって、「まだ習ってないから使えない」というのはとても辛い。この小説を読めば、その制限された世界の息苦しさを感じながらも、その中で表現していく筒井氏の挑戦が非常に面白く感じられるだろう。

なお、この小文も日本語の音の中で重要な一つの母音が使われていない。

真面目なキリスト者のために

［玉川直重『新約聖書ギリシヤ語独習（新版）』友愛書房、一九八二年］

わたしが聖書ギリシア語を勉強したのは、大学の授業においてであった。神学部で開講されていたが、学生がどの学部に所属していても受講できた。先生は穏やかそうな方だったが、初回の授業で

「この教科書は一回に三課ずつ進みます」

といわれたときにはわが耳を疑った。ところがそれは間違いではなく、先生は毎回きちんきちんと三課ずつ進まれ、二〇人近くいた受講生はあっという間に五人となり、残ったのは文学部と外国語学部の学生だけとなってしまった。

聖書ギリシア語は訳すことが目的ではない。そんなものは聖書の該当箇所を開けば書いてある。その証拠にこの教科書の練習問題はすべて新約聖書からの引用で、出典はどこからかすべて示してある（当然といえば当然である）。大切なのは文法の形を一つひとつ確かめながら構文を確認していくことで、まさに文献学的な作業である。

ただしこの教科書は決して文献学者向けに作られたものではない。目的はあくまでも「キリスト者」が聖書の原典を読めることで、言語学の知識がない人でも学習できるように配慮されている。第一課

では、いきなりο Θεος αγαπη εστιν.「神は愛である」という新約聖書・ヨハネ第一の手紙四章十六節のことばがあり、この文字を一つひとつ取り上げながらギリシア文字を勉強するようになっている。

しかし、新たなる外国語を学ぶのが辛いのはキリスト者も文献学者も大学生もおなじである。それに対してこの教科書ではところどころに「励ましのことば」があるのが面白い。

子供は一躍して大人にはなれない。我々のギリシャ語も一躍して大成することは出来ない。毎日の食事の如くに、毎日の勉強が必要である。人間には喰ひ溜めは出来ない、同時に喰はねば餓死するのみである。言語の学習に於ても喰ひ溜めは結局消化不良を招いて中途に倒れねばならぬ。また使はねば人は己れの母国の言葉さへ忘れ去るであらう。毎日少しづつ。学習の多寡、遅速ではない。要は毎日勉強するか否かである。成否はこの一事に懸る。兎と亀の寓話は我等に大なる慰籍と奨励を興へる渝らざる真理である。

（原文ママ、一九ページ）

このようにして真面目なキリスト者のために、優しくも厳しいことばで学習を続けるように励ますのである。著者の玉川直重氏はかの内村鑑三の弟子であり、このことは序の中で著名な聖書学者の塚本虎二氏が書いている。

しかし、なにせ昭和八年（一九三三年）に初版が出たものの復刻版である。ことばが古いのは仕方がないが、漢字が難しいのには閉口した。教養のないわたしは後ろの「用語集」でギリシア語の単語を調べるのと並行して、文中の読めない漢字を調べていたことをここに告白する。

教育の基本ここにあり（？）

［上原訓蔵『標準上原マレー語』全四巻、晴南社、一九四二年］

神田神保町の古本屋街などを歩いていると、とくに興味がなくても、しょっちゅう出会う本や著者がある。言語学や外国語の棚を眺めていると、この「上原訓蔵」なる名前をしばしば目にすることがあった。ある日、なんとなく馴染みとなってしまったこの著者の教科書を買い求めてみた。もちろん、マレー語はまったく分からない。ただ、第二次世界大戦中に外国語が、どんなふうに記述されていたのかなあと思ったのである。

第一ページを開いて驚いた。海軍大将、陸軍大将、拓務大臣の色紙の写真が飾られている。そのあとも大本営陸軍報道部長、同海軍報道部長、財団法人南洋協会常務理事などの推薦文が並ぶ。時は昭和十七年、しかも著者上原氏は陸軍教授である。外国語がそういうものと密接に結び付いていた時代があったのだ。

一般向きで、しかも古いタイプの教科書なので、全体に「講談調」で書かれ、いまの感覚からみると馴染みにくいかもしれない。しかし文法記述以外の、現地の風物の話や著者の体験談などは、やはり興味深い。当時の人もそれを楽しみに読んでいたのだろうか？

面白いエピソードを紹介したい。上原氏は大正五年五月、東京外国語学校を卒業して、台湾に渡り、大阪商船社主催南洋観光団に通訳として参加し、ジャワのジョクジャ王水城の廃墟跡を見学に行った。

私共が行きました時、ジョクジャ市の邦人商店で有名だった富士洋行の店員が、通訳として来られましたが、王居の人が説明するのが、チットモわからないのです。そのとき観光団顧問だった今は亡くなられた新渡戸稲造先生が、上原君、上原君と呼ばれましたので行ってみますと、先生が云はれますには、〔ここは君の世界だ、通訳して見よ〕といはれますので、私も卒業早々ではあり恐る恐る聞いて見ますと、私が語学校で習った通りのマレー語でした。亡くなられた先生のお蔭で母校の信用を失ふことなく、観光団の人々にも〔上原君も上品なマレー語だったら、わかるな〕といふ感を与へたやうでした。

（「会話」編、一〜二ページ）

マレー語にもいろいろな文体があるが、この教科書ではいわゆる「市場マレー語」ではなく、上品すぎも下品すぎもしない中庸を目指そうという話の前置きである。現地でたたき上げてそれなりに会話ができる人を見ると、大学教育のみを受けた者は引いてしまう。しかし学校できちんと勉強することはやはり大切なんだということを上原氏は改めて強調している。時代も目的も違う外国語の教科書であり、現代では受け入れがたい箇所もいろいろあるが、この主張はいまでも通用すると思う。

それにしても、全四巻からなるマレー語の教科書なんて、現在ではとても考えられない。奥付を見ると発行部数はなんと一万部！　外国語学習は時代に大きく翻弄される。

ヨーロッパ型多言語社会の縮図

［シドニー・ルメット監督『オリエント急行殺人事件』アメリカ、一九七四年］

この映画はアガサ・クリスティ原作のミステリーを映画化したものである。舞台は一九三〇年代。イスタンブールからパリに向かうオリエント急行の中でアメリカの大金持ちが殺された。偶然に乗り合わせた名探偵エルキュール・ポワロは事件の解決に向けて捜査を始めるが、しかし車内の乗客にはすべてアリバイがある。

乗客は年齢、国籍、身分とすべてがバラバラだ。アメリカ人の他にイギリス人の家庭教師、ロシア人の公爵夫人、ドイツ人のメイド、ハンガリー人の外交官夫妻、スウェーデン人の宣教師、イタリア人のセールスマン、そしてフランス人の車掌。もちろん言語もさまざまだ。イスタンブールの駅で乗客たちが列車に次々と乗り込むとき、この車掌は会う人ごとに違った言語で挨拶をし、それぞれのコンパートメントの部屋番号を案内する。さらに現地の土産物売りやレストラン車に食材を積み込む風景が旅の気分を一層高める。まさに多国籍・多言語の世界だ。

列車は途中まで順調に進んでいったものの、ベオグラードを過ぎたあたりで雪のため立ち往生してしまい、さらに殺人事件が起こる。ここにベルギー人探偵ポワロが、友人でこの鉄道会社の重役であるイタリア人ビアンキ氏およびギリシア人医師コンスタンチン博士の協力のもと、事件の解決を試みる。そしてこのバラバラな乗客たちが、実は思いがけない点で繋がっていることを突き止める……。

ミステリーなのでこれ以上説明してしまうと、まだ結末を知らない人の楽しみを奪ってしまいそうだ。映画をご覧になっていない方は、ここでやめていただいて、ヴィデオを見てから先を読んでいただいたほうがいいかもしれない。

ただわたしがこの作品を取り上げたのは、この映画の主題が言語でもあると考えるからだ。

これだけさまざまな人が集まると、そのことばも当然バラエティーに富んでくる。原作を読めば（邦訳は中村能三『オリエント急行の殺人』ハヤカワ文庫など）会話の半分以上はフランス語でおこなわれていることになっている。映画では英語を共通語としており、少々設定に無理があるのだが、これは仕方がない。しかしたとえ英語が共通語でも、乗客たちの話す英語のレベルはまちまちである。英語が苦手だという人もいれば、非常に癖のある英語を話す人もいる。だが、乗客のすべてが真実を語っているわけではない。

たとえばある人は英語が苦手であるというのに、「ラテン語系のすごく学問のある単語を使う」のをポワロは聞き逃さない。

別の人はアメリカに住んでいたことがないというが、「長距離電話で弁護士を」というとき、「長距離電話」にtrunk call（英）ではなくlong-distance call（米）を使い、「弁護士」にsolicitor（英）ではなくlawyer（米）を使っているところから嘘が見抜かれる。

ポワロはふだんから英語にフランス語を混ぜて話しているが、それ以外の外国語にもいろいろと通じていることが窺える。気弱そうなスウェーデン人宣教師（これがなんとイングリット・バーグマン！）

にはほんの一言二言ばかりスウェーデン語で挨拶をしてみせ、相手の緊張をほぐそうとする。また殺人現場に落ちていたハンカチには「H」のイニシャルがあるのだが、この持ち主も意外な方法で見つけ出すのである（ヒント――わたしに外国語を習ったことのある人ならば気がつくはずだ）。

全編にわたって英語が使われていても、国際列車オリエント急行のムードは少しも損なわれていない（それに引き換え、有名なスティーブン・スピルバーグ監督の『シンドラーのリスト』がすべて英語だったのには、どうしても落ち着かなかった）。そして豪華なハリウッドスター（たとえばショーン・コネリーやアンソニー・パーキンスなど）が織りなす華麗な世界が、見ているものを退屈させない。

ヨーロッパは多言語社会があたりまえなのである。国際列車だったらなおさらだ。その中で人びとはどのようにコミュニケーションをとっていくのか。その点だけから見てもこの映画が魅力的なのだ。

ドイツ語の海に浮かぶスラヴの孤島

［フォルカー・シュレンドルフ監督『ブリキの太鼓』西ドイツ・フランス・ポーランド合作、一九七九年］

原作はノーベル賞作家ギュンター・グラスによる同名の小説（邦訳は集英社文庫・全三巻）。主人公オスカル少年は三歳の誕生日に地下室の階段に転げ落ち、自らの成長を止める。いくつになっても大きくはならないが、叫び声でガラスを割る超能力を持ち、いつもブリキの太鼓を叩きながら、ナチスの台頭する時代に逞しく生きていく。この作品は一九七九年カンヌ映画祭グランプリ、一九八〇年にはアカデミー賞外国語映画賞に輝いている。

舞台はダンツィヒ（現ポーランド・グダニスク）。バルト海に面するこの地域は、スラヴ系とドイツ系が接する複雑な土地だ。オスカルの母方の祖母はスラヴ系少数民族であるカッシューブ人。叔父はポーランド人（この作品ではカッシューブ人とポーランド人の差があいまいである）。登場人物のことばは基本的にドイツ語だ。しかし民族の自覚は保っている。

この作品にはヨーロッパを描いたものの常として、さまざまな言語が少しずつ聞こえる（たとえばユダヤ人玩具屋マルクスの祈禱のことば、イタリア人女優ロズビタのイタリア語、ソ連兵のロシア語など）。しかし何といっても注目すべきは圧倒的なドイツ語の中で響くポーランド語だ。

ポーランド語が聞こえる場面は主に二つある。ひとつはオスカルの母アグネスの葬儀の場面で、墓場でも葬儀のあとの会食でも、ポーランド語（はっきりとは分からないのだが、少なくともなんらかのスラヴのことば）で歌が歌われる。参列している人全員が歌うわけではない。ドイツ人たちは居心地悪そうに黙っている。

もう一つは第一次世界大戦後にダンツィヒにできたポーランド郵便局内での会話。オスカルの叔父ヤン・ブロンスキはここに勤めており、その場面では皆ポーランド語だ。さらに一九三九年九月一日のドイツによるポーランド侵攻に伴う、ダンツィヒのポーランド郵便局攻防戦において、ナチスに対抗する郵便局内の人は当然ポーランド語である。もっともそういう人びとは誰もがバイリンガルであり、場合によってはドイツ語も使っている。

ポーランド語のセリフに関してヴィデオの日本語版では字幕がつかない。しかしそれでも映画を見る分には十分なのであろう（べつにたいしたことをいっているわけではない）。もちろんドイツ人が皆ポーランド語を理解するわけではない。だが大切なのは違うことばが話されているということだ。民族のアイデンティティーは言語にのみあるわけではない。しかしゲルマン系のドイツ語とスラヴ系のポーランド語という、知識がなければお互いにコミュニケーション不可能な二つの言語がどのような役割を果たしているかが、この映画のポイントの一つであろう。

遠くて近きはチェコとロシア

［ヤン・スヴィエラーク監督『コーリャ 愛のプラハ』チェコ・イギリス・フランス合作、一九九六年］

一九九七年アカデミー賞外国語映画賞受賞のこの作品は、チェコという一般的にはあまり馴染みのない国の映画だが、日本でも公開され話題になった。監督のヤン・スヴィエラークの父であるズデニェク・スヴィエラークが主人公ロウカを演じる。

舞台は一九八八年のプラハ。チェリストのロウカはかつてチェコフィルの一員として活躍していたのだが、弟の亡命事件が原因で解雇されて以来、いまでは葬儀場の伴奏で生計を立てている。金欲しさにロシア人女性と偽装結婚するのだが、彼女は恋人を追って西ドイツに亡命し、五歳になる彼女の息子、コーリャが残される。ロウカは途方に暮れながらも、コーリャの世話をすることになる……。

ビロード革命前夜の微妙な時代のチェコとロシア（ソ連）。ストーリーにも政治的状況が反映し、ハラハラする場面もあって飽きさせない。それにコーリャ役のロシア人の子の演技がいい。しかしこの映画の本当の面白さは、チェコ語とロシア語が分からないと半分も理解できない。

ロウカはロシア語ができず、偽装結婚の相手もチェコ語が分かるわけではない。しかしこの話を取り持った仲介人は「二人が何語で話しても構わないだろ？　チェコ人は少しロシア語を話す」と気楽なものだ。実際、チェコ語もロシア語も同じスラヴ語派に属しているから、似ているところも確かに多い。しかしちゃんと分かるわけではない。披露宴の場面で、調子に乗ったロウカがチェコ語で演説を始めるが、偽装結婚相手のロシア人女性には何をいっているのか分からず、まわりの人に通訳を求める。

といってまったく通じないわけでもない。一人取り残されたコーリャを引き取ったロウカは、お茶を入れながらチェコ語で話しかける。「分からないふりをするな。お互いにスラヴ民族だ」。乱暴なことをいっているが、一部は正しい。「ロシア語でもチェコ語でも、チャイ（お茶）はチャイ（お茶）だ」。この映画はチェコ語とロシア語の距離を説明するのにちょうどいい。ペラペラ演説されたら分からないけど、チャイはチャイだ。そんなもんである。

その他にもチェコ語とロシア語の特徴を知っていれば面白いところがたくさんある。「ソ連は大権力を持っているくせに〈H〉の発音ができない」というのは、チェコ語のHとロシア語のGが原則として規則的な対応を示しているからで、チェコ語の挨拶で「やあ！」という意味の「アホイ！ Ahoj」が、ロシア人はうっかりすると「アゴイ」となってしまうことを指している。

最も説明しにくいのが、同音異義に関することだ。共産党記念日に、ロウカは大家さんから窓にチェコとソ連の旗を飾るよう注意される。こういうことを怠ると秘密警察から目を付けられる時代だった。窓に二つの旗が貼り付けられたのを見て、コーリャはこうつぶやく。「ぼくたちのはクラースヌィだ」。するとロウカが「クラースヌィなものか！」と答える。これはチェコ語とロシア語が分からなければまったくピンとこない。実はロシア語の「クラースヌィ」は「赤い」という意味なのに、チェコ語では同じ「クラースヌィ」が「美しい」なのだ。語源的にはどちらも同じとはいえ、現代では意味がずれている。こういうことを知らないとここの面白さが伝わらない。なまじ似ている言語同士だからこそ生じる誤解や行き違い。そして心のすれ違い。この映画のテーマに、言語は大きな役割を果たしている。

コーリャは少しずつチェコ語を理解するようになっていくが、しかし肉親同様に恋しいのはロシア語だ。ある夜、むずかって寝ようとしないコーリャに手を焼いたロウカは、知り合いのロシア語教師に電話でおとぎばなしを聞かせてやってほしいと頼む。半べそをかいていたコーリャだったが、受話器から聞こえてくるロシア語を耳にした途端、表情がぱっと明るくなる。そして嬉しそうにロシア語のおとぎばなしを聞く。わたしにとってはここが最も感動的な場面だ。

コーリャのチェコ語受容が、生活に、そしてロウカに馴染んできたことを暗に示す。最後に母親が迎えに来て、コーリャとロウカは空港でお別れとなるのだが、最後のコーリャのセリフ「いつ会いにきてくれる？」というロシア語が微妙にチェコ語の影響を受けているのが、この物語の複雑な結末のすべてを語っているように思える。

あとがき

　わたしの研究室は相変わらず学生や院生であふれている。

　ロシア語の履修者はどんどん減り、景気の悪いことこの上ないここ数年。最近はカリキュラムの関係で、ロシア語上級を担当することもなくなってしまった。さらに馴染みの学生たちは卒業してしまう。みんながだんだんいなくなり、これからは寂しくなってしまうなあ、と思っていたのだが、気がついてみるといつのまにか新しい学生が水曜日の研究室にいる。

　たとえばサーシャ（もちろん日本人である）。彼はおとなしい学生で、よく勉強していたが、決して目立つ存在ではなかった。ロシア人が担当する会話の授業に出席していると聞いても、とくに何も思わなかった。そのうち、研究室へロシア語の教材を借りにくるようになった。どうやらロシア語が好きらしい。でも借りていく教材が決まれば、お茶を一杯飲んでさっさと帰ってしまうのが常だった。

　ある水曜日、会議が終わって研究室に戻ってみると、サーシャが他の学生たち（いつも出入りしている連中）とおしゃべりしていた。会話の授業の後でみんなとここに寄ったのだろう。そのうち他の学生たちは実験やレポートがあるとかでみんな出ていってしまい、サーシャだけが残った。

「水曜日はこのあと、何も予定がないの？」

「ありません」

わたしはちょっと考えた。

「じゃあ、もう少しロシア語を勉強する？」

「えっ、いいんですか？」

「うん、なにか小説でも読もうよ」

こうして、わたしはサーシャと二人だけでロシア語の短編小説を読み始め、それがとても楽しかったのだが……。しかし、やめておこう。この話はいつかまた別のときに。とにかく、いまではサーシャのいない研究室なんて考えられない。


外国語のことはだれでも何かと気にかかる。できればいいなあという単なる憧れから、仕事のために必要だという切羽詰まった人まで、いろいろだ。その多くは学生時代に習った外国語が身につかなかったと、外国語の先生を呪い、日本の外国語教育に疑問を感じている。外国語の先生はたいへんだ（ちなみに、絵を描くのが下手だからといって美術の先生を怨んでいるという話は聞いたことがない）。

わたしはこの本をなるべく楽しい内容にしたいと思った。外国語は楽しい。なんといっても、わたし自身が外国語をとても楽しんでいる。ところが楽しいのは、頭のてっぺんから爪先まで文系であるわたしだけではないことに、最近気がついた。これは学生たちのおかげだと思う。みんながいろいろな話題を提供してくれたおかげで、この本ができたのである。

こうしてまた水曜日が巡ってくる。五時を過ぎたあたりから、わたしの研究室には学生たちがだんだんと集まってくる。まだ二年生のユーラはロシア語の教科書を開いて発音練習をしている。サーシャはひとりでなにやら辞書を引いている。大学院生のスラーヴァは嬉しそうな顔をしながらグラゴール文字(これがどんなものなのかについては、拙著『羊皮紙に眠る文字たち』を一読されたい)を書く練習をしている。なぜかラテン語の問題集を解いている者もいる。そのうちにアンドレイが現れ、ヂュンが現れ、キョーソが現れ、そして冷蔵庫からはビールが現れる……。

忙しい彼らにとって、外国語と付き合えるのは水曜日だけ。だから『外国語の水曜日』なのだ。

本書は半分以上が書き下ろしだが、第一章の一部は「東京工業大学外国語研究教育センターNEWS LETTER」に、また第三章は「言語文化論叢」(東京工業大学外国語研究教育センター)に発表したものを大幅に手を加えてここに収めた。

『外国語の水曜日』は二〇〇〇年に現代書館から上梓され、それから二〇年以上を経て、このたび白水社より増補版が出ることになった。そこで改めて目を通したのだが、むかし自分が書いたものを読み返すのは、想像以上に恥ずかしい。しかも紹介した本の多くは絶版となり、カセットテープは使われなくなり、ヴィデオはDVDやブルーレイに替わり、さらには話題に挙がる芸能人が古い。とはいえ、これを現代に合わせようとして手を入れ出したらキリがない。だから明らかな誤植を訂正したり、形式を整えたりする以外はなるべく手を加えず、当時の雰囲気そのままを残すことにした。

もちろん変わらないこともたくさんある。学生たちと過ごした日々は決して古びていないし、外国語幻想も相変わらず世間に流布している。第三章「学習法としての言語学入門」だけは、今となっては見解の違うところもかなりある。言語学に興味のある読者には『はじめての言語学』（講談社現代新書）、『外国語をはじめる前に』（ちくまプリマー新書）、『外国語を学ぶための言語学の考え方』（中公新書）などを読んでいただいた方がいいのだが、わたしの言語学の原点はここにあるわけで、恥ずかしながら敢えて残すことにした。

最後には追章として「ラテン語通信」を増補した。これは二〇二〇年に感染症拡大で不自由な生活が強いられる中、自分のゼミ生限定でネット上に連載していたエッセイに加筆修正したものである。ラテン語の綴りや長音記号、変化形に間違いがないか不安で仕方ないものの、恥を忍んで掲載することにした。またラテン語を奨励するキッカケとなった、日本経済新聞に掲載されたエッセイ記事も合わせて収録してある。

いまでは水曜日に大学へ行かない。とはいえ、同じようなことを別の曜日に相変わらずやっている。

旧版では現代書館の吉田秀登さんに大変お世話になったが、この増補版では白水社の岩堀雅己さんのお手を煩わせた。心より御礼申し上げます。

二〇二一年九月

黒田龍之助

巻末付録

ラテン語通信

「外国語の水曜日」から二〇年。その間にわたしは大学を転々とし、ときにはフリーランス語学教師をやったりしながら、二〇一八年から千葉の外国語大学に勤めている。

さらに翌二〇一九年からは関西の外国語大学の客員として、主にロシア語専攻の学生を相手に、ウクライナ語やチェコ語を教えるようになった。今では理系学生に気を遣う必要はなく、自分が得意とする分野だけを講じていればよい。

だがそれだけでは面白くない。ときには自分の苦手な外国語を、学生と一緒に取り組みたい。

だからラテン語なのである。

（本文中に出てくる*дядя*「ヂャーヂャ」とは、ロシア語で「おじさん」のこと。わたしは自分のことをゼミ生に*дядя*と呼ばせている）

自宅でラテン語

わたしのゼミは厳しい。

千葉の外国語大学でロシア語と言語学を教えている。言語学では世界の言語について広く語るが、ゼミはヨーロッパ・ロシアの諸言語に限定する。アメリカやアジアに比べ教員の少ない分野を補完したい。

厳しい理由の一つが多言語の知識。英語は当然。スペイン語やポルトガル語を専攻する学生もいるが、それで事足りると思ったら大間違い。フランス語、ドイツ語、イタリア語などの知識は欠かせない。ロシア語は必修。キリル文字が読めないようでは、ヨーロッパの言語は学べない。

これだけ学んでもまだ足りない。ゼミ生は自ら「担当言語」を選び、独学しながら発表していく。前期のテーマは文字と発音。発表者が説明したのち、ゼミ生一人一人が指名され単語を発音する。ちゃんと聞いていなければ読めない。一方で発表者の説明に不備があれば、皆が間違えるから一目瞭然。誰一人として居眠りできない。

厳しいゼミだから少人数になるが、扱う言語は多種多彩。二〇二〇年度は四年生三名が前年に引き続きバスク語、ポーランド語、ラトビア語に各自取り組む。三年生三名はそれぞれオランダ語、クロアチア語、スウェーデン語を選んだ。にぎやかな外国語。

二〇二〇年は大学の教室や研究室に集まることが難しかったが、厳しさは変わらなかった。オンラインの発表ではレジュメに加えてパワポを作る必要もあり、負担が増す。図書館も書店も使えない中で準備することを考え、わたしはゼミ生の求める参考文献をなんとか入手しては、せっせと郵送した。

少人数のゼミならオンライン授業でもなんとかなるが、大人数の言語学や、初級のロシア語は難しいと思う。多くの大学では強行したようだが、わたしの勤務先は選択の余地があったので、差し当たり後期へと延期した。おかげでふだんより時間があった。

だが暇ではない。学生は会う代わりにメールを送ってくるので、その対応に追われる。ゼミ生だけではない。客員を務める関西の外国語大学からは、前年度の集中講義の教え子たちがあれこれ連絡してくる。チェコ語の独習をどのように進めたらいいかという相談に答えるべく、教材をまた郵送である。

関西でスペイン語を専攻する3年生のサーシャくん（仮名）。外国語が大好きな彼の、イマイチ自信のないロシア語の知識を確実にしたいという要望に応え、某入門書に基づいて和文露訳問題を作り、メールに添付して二〇回の通信講座を開くことにした。

独学はつらい。なんとなく読めるつもりでいても、作文をすれば知識の欠如が露見する。サーシャくんも最初のうちこそ調子がよかったが、だんだんと間違いが増えてきた。文法の形を考えて、注意深く作文するようコメントする。

しばらくすると、彼の間違いは格段に減ってきた。課が進めば難しくなるのに、何かコツでも摑んだのか。

「実は一年生からラテン語を学んできたのですが、ロシア語の勉強法も同じだと気づいたら、間違えなくなりました」

ヨーロッパの諸言語は動詞の活用や名詞類の格変化が多様だ。ラテン語とロシア語は文字も発音も単語も違うけど、文法語尾を覚えることは同じ。ラテン語で修業したサーシャくんは、共通する文法のツボに気づき、自分が何を覚えるべきか悟ったのである。

ラテン語は現代でも学ぶ価値がある。今こそ勉強してほしい。今後も行き先によっては留学が難しい時代が続くかもしれないが、ラテン語ならどこで学習しても条件は同じ。自宅で取り組んだっていい。弘法は筆を選ばず、ラテン語は場所を選ばず。

ゼミ生にラテン語の大切さを伝えたい。ねえサーシャくん、君の経験をわたしのゼミで話してくれないかな。

関西の学生を千葉に招くのは難しいが、オンラインはこういうときに有難い。ゼミではサーシャくんがZoom越しにラテン語愛について熱弁を振るう。みなさん、賽は投げられました(Alea iacta est.)。ラテン語を勉強しましょう!

ゼミ生たちはすっかりその気になったが、勤務先の大学では困ったことにラテン語が開講されていない。おやおや、それじゃわたしが久しぶりに勉強して、秋からはゼミでラテン語も勉強しましょうか。

　ということで、目下ラテン語と格闘中である。自宅にこもり、記憶力の低下が著しい脳に変化語尾を叩き込む。つらくても後には引けない。

　わたしのゼミはわたし自身にも厳しい。


（初出：日本経済新聞二〇二〇年七月四日付）

＊＊＊

　こうして、ゼミ生に向けて「ラテン語通信」を始めることになったのである。

ラテン語通信1

賽は投げられた

まずは文字。簡単です。ローマ字はラテン語のために作られたといっていいでしょう。余計な付属記号は一切なし。ありがたい。

しかし何もないと、それはそれで困ります。古い時代はピリオドもなければ、大文字と小文字の区別もない。だからラテン語は、こんなふうに書き表されました。

ALEAIACTAEST「賽は投げられた」

これは読みにくい。だからラテン語の教科書では、大文字と小文字を混ぜて表記するのがふつうです。文頭や固有名詞は、大文字で始めることが多いようです。

さらに長音を示す記号が使われます。母音の上の横棒（¯）です。ĀとかĒといった具合で、それを「アー」とか「エー」と読む。日本語で長音を示す「ー」（音引きといいます）が、上に付いたと考えればいいんですから、難しいことは何もありませんよね。

Ālea iacta est.

дядяはこの方式がいちばん読みやすいのですが、表記法は教科書によってまちまち。全部が大文字というのは、さすがに見たことないけど、IとJ、VとUの使い分けは教科書によっていろいろです。iactaとjactaが同じ単語というのは、慣れるまでちょっと戸惑いますね。

⁂

ゼミ生が担当する外国語に比べたら、教科書がはるかに充実しているラテン語。それでも独学となると、いろいろ戸惑うことがあります。この通信では、自分がラテン語学習で戸惑ってきた経験を、エッセイで紹介していきましょう。

（дядя）

だいぶ読みやすくなりました。

⁂

古代ローマは大らかで、IとJ、VとUの区別がありませんでした。存在したのはIとVだけ。それぞれ母音になったり子音になったりと、変化自在だったのです。

これって初心者にはけっこう難しい。いつ母音で読んで、いつ子音で読むか分からない。そこで母音はIとU、子音はJとVのように書き分けることがあります。

Ālea jacta est.

ラテン語通信2

味と発音がイマイチのワイン

Ālea jacta est.「賽は投げられた」は三つの単語から成る文です。分かち書きだから一目瞭然。よかった。

aleaはサイコロで、これをゼミネームにしているメンバーもいますから、詳細は彼に任せましょう。jactaは完了分詞ですが、難しいから今回は無視。

注目は最後のestです。言語学的にいえばコピュラ動詞の現在単数三人称形。平たくいえば、英語のisに相当するヤツです。

ヨーロッパ諸言語のコピュラ動詞現在単数三人称形は、フランス語est（発音は「エ」）、ドイツ語ist、スペイン語es、イタリア語èのようにお互い似ています。

＊＊＊

Est! Est!! Est!!! di Montefiasconeというワインをご存じですか。イタリア中部モンテフィアスコーネで今も製造されているのですが、その名称には言い伝えがあります。

十二世紀、ドイツ人司教が教皇に会うためバチカンへ向かうとき、部下を自分より先に行かせて、おいしいワインを探させました。部下はモンテフィアスコーネの宿屋で出されたワインがとてもおいしかったので、後から来る司教が素通りしないよう宿屋の入口に「エスト！　エスト!!　エスト!!!」、つまり「まさにこれ！」というつもりで書き残したのでした。

ほんとかよ。

真偽のほどはともかく、このワイン、日本にも輸入されておりまして、値段も高くないから簡単に手に入ります。ただдядяはイマイチ気に入りません。理由は二つ。

まず味がフッー過ぎる。

そして「エスト！　エスト!!　エスト!!!」という日本語表示。

ラテン語で発音を気にする必要はありませんが、日本語話者は子音の連続のとき、母音を入れないように気をつけましょう。「エスト」ではesutoと思われてカッコ悪い。カナ表記は誤解の元。

でもそれさえ守れば、あとはいくぶん自己流でも、自信をもって発音すればいいんです。ラテン語は会話する必要がありません。ローマ帝国とはZoomで繋がることもないですからね。本当によかった。

（дядя）

ラテン語通信3

シーザーサラダを与え給え

幼い頃、意味も分からず歌っている歌がありました。小学校で習う歌は難しく、「春高楼の花の宴」とか、「箱根の山は、天下の嶮（けん）、函谷關（かんこくかん）も ものならず」とか、いまだによく分かりません。

分からない歌の中にはラテン語もありました。

どおなー　のおびーす　ぱーあーちぇむ　ぱーちぇむ

敢えてひらがな表記が相応しい気がします。もちろん意味など小学生が知るはずもありませんが、いま調べてみれば「われに平和を与え給え」だと分かりました。

Dona nobis pacem pacem

最後はリフレーン。キリスト教の聖歌で、この歌詞がくり返されます。幾組かに分かれて輪唱するのが定番でした。どうして公立小学校でこんな宗教歌を歌っていたんですかね。

語の影響でしょうか。

　ラテン文字を使うヨーロッパ諸語を学ぶとき、cがどんな音に対応するかは調べたほうがいいです。

　Caesarはラテン語で「カエサル」。Ālea jacta est.「賽は投げられた」は彼のことばとされます。その「カエサル」が英語では同じ綴りで「シーザー」。こういうふうに定着しているものは変えられません。「シーザーサラダ」をカエサルサラダと注文しても分かってもらえない。「パーチェム」も同じと考えることにしましょう。

　黒田ゼミ御用達の幕張駅前「まる」でシーザーサラダが食べたいなあ。早く流行り病が収まってほしいですよね。ああ神よ、黒田ゼミに平和を与え給え。

(дядя)


***

　ラテン語を勉強するとき、気になるのが母音の長短。子どものときは歌に合わせて適当に伸ばしているから、果たしてこれで正しいのかと気になります。

Dōnā nōbīs pācem pācem

なんと、歌う通りに伸ばせばよいのでした。音符に合わせれば自然と長短が分かります。歌の効果ですね。

　ただ、納得いかないのがpācemです。この綴りなら「パーケム」のはずなのに、幼き頃のдядяは「パーチェム」と歌っていました。試しにYouTubeで聴いても「パーチェム」です。イタリア

ラテン語通信4

豊かな食べ物、配達します

文字は難しくないし、発音は気にしなくていい。だからこの先は文法をどんどん学ぼう！

……てな感じの教師が多いから、ラテン語は敬遠されちゃうんですよね。あわてない、あわてない。

文字が読めるようになったら、単語を眺めましょう。

ラテン語の教科書には、たいてい巻末に語彙集がついています。ときには別冊になっていることもあります。これを引きながら、自宅で課題を解けってことですかね。だから教師ってヤツは……。

市販の単語集を紹介します。有田潤『ラテン語基礎1500語』（大学書林）は新書サイズで持ち運びにも便利。1500円（1語1円？）なら語学書として決して高くありません。дядяは通勤の電車の中で、疲れて読書する気にならないときはこれを眺めています。

⁂

どんなラテン語単語集でもそうですが、はじめにJとUがあるか確認しましょう。あればJとI、

UとVが区別されていることになります。『基礎1500語』は分けていました。

まずはJ。jaciō「投げる」はĀlea jacta est.「賽は投げられた」のjactaと関係あり。jaciōは現在単数一人称形で、辞書や単語集の見出しにはこの形を使います。

jūstitiaは「正義、合法」で、この単語集では英語のjusticeが添えられていました。英単語や仏単語がときどき挙げてあって便利です。

こんどはU。ūsusは「使用」、つまりuseはすぐに分かってしまってつまらない。umbraは「影」で、これがumbrellaと関係のあることは解説がないと難しいかな……。

おや。

über「豊かな」

これって、ひょっとするとウーバーイーツと関係あるんじゃないでしょうか。誰か確認してみてくれませんか。もしそうなら、『基礎1500語』に書き込んでおきます。そうやって、自分の単語帳をますます充実させちゃう。

人に調べさせて、自分で得する。これこそ教師。やっぱりイヤな生物です。

（дядя）

ラテン語教科書・二つの流派

英語のschoolには「学校」の他に「学派」「流派」という意味があります。ラテン語のscholaから取り入れた語で、ギリシア語のσχολή（scholē）まで遡れます。

ここからはдядяの私見ですが、ラテン語の教科書には二つの流派があるのではないでしょうか。一つは「格言派」。ラテン語の名句名言を散りばめながら、同時に文法も学んでいくタイプです。格調高く、例文を暗記すればカッコいいので、学習者の人気も高い。日本のラテン語教科書はだいたいこれです。

ただし教科書は文法事項に沿って進んでいきますので、Ālea jacta est.「賽は投げられた」のように完了分詞が使われていたりすると、登場がずっと遅くなります。

⁂

もう一つはラテン語を現代語のように学んでいく「日常派」です。外国語の教科書は「こんにちは」とか「これはペンです」とかで始まるものが多いですよね。ラテン語もそれで学ぼうというわけです。

「日常派」は欧米で出版された教科書に多いようです。*Lingua Latina Per Se Illustrata*という教科書は、こんな例文から始まります。

Rōma in Italiā est. Italia in Eurōpā est.

面白くはありませんが、意味は間違いなく分かります。

外国語教師の視点では、日常派のほうが文法項目ごとに進んでいくので、その点は評価したいです。「文法的には難しいけど有名な表現だからそのまま覚えちゃおう！」を連発する教師は信頼されません。

とはいえ、カッコいい表現だって知りたい。そういうときは柳沼重剛『ギリシア・ローマ名言集』（岩波文庫）がお勧めです。名言ごとに背景の解説が詳しく、たとえば「賽は投げられた」がギリシア語まで遡れることも分かります。

これまでの「ラテン語通信」はサイコロを投げてばかりでしたが、この本を読めば新しい名言も覚えられます。ラテン語やギリシア語の原文も載っていて、しかもお値段が安い（税込六〇〇円くらい！）ので、黒田ゼミ生にはぴったりです。

（дядя）

ラテン語通信6

ドッキンハートのラテン語格語尾

「かろかっくいいけれ」とか「だろだっでにだなら」とか、日本で小学生を経験した人は分かりますよね。形容詞や形容動詞の活用語尾です。ほとんど呪文。ピピルマピピルマプリリンパと変わらない（調べなくていいからね）。

呪文と同様、ラテン語の格変化も丸暗記するしかありません。モゴモゴ唱えながら、頭に叩き込むわけですが、格の順番には教科書ごとに「流派」があります。

ラテン語の主な五つの格は、一般に次のような順番で並べます。

主格《しゅかく》・属格《ぞっかく》・与格《よかく》・対格《たいかく》・奪格《だっかく》

役割や使い方はいずれまた。日本語の格語尾に合わせれば、「ガ・ノ・ニ・ヲ・カラ」って感じでしょうか。

この順番だと最初の四つがドイツ語の1格から4格と一致します。ロシア語などのスラヴ諸語もそう。

ところが教科書によって、違う並べ方もあるのです。

主格・対格・属格・与格・奪格

対格が二番目に躍り出ていますね。『ラテン語基礎1500語』を書いた有田潤氏の教科書はこの順番です。

違いの由来はよく分かりませんが、ドイツやロシアのように、格のある言語を使っている地域では二番目に属格が来る変化表が多いようです。一方、英米では二番目が対格というパターンが主流。最近ではあまり見かけませんが、「第三の並べ方」もあったようです。

主格・属格・対格・与格・奪格

違いが微妙過ぎて危険です。どの流派にするか決めておかないと、後で絶対に混乱します。

дядяはロシア語教師ということもあって、2番目は属格という順番が親しみやすいです。古典ギリシア語もそうですし、この「ラテン語通信」では主格・属格・与格・対格・奪格の順に決めましょう。

まずは「バラ」の変化から。rosa, rosae, rosae, rosam, rosāと唱えて、丸暗記します。日本語文法と違って、具体的な単語を唱えるのがラテン語学習です。不精して変化語尾だけ集めてしまうと、「アアエアアエアムアー」と不気味な呪文。顎が痛くなるのでやめましょう。

(дядя)

ラテン語通信7

君にrosaの格変化…という感じ

ラテン語の格変化を暗唱するとき、定番の一つがrosa「バラ」です。rosa, rosae, rosae, rosam, rosāと唱えることは、前回ご紹介しました。

バラの歌は世界にたくさんあります。ソ連の国民的歌手アーラ・プガチョーヴァが一九八二年から歌っている『百万本のバラ』はラトビア歌謡Dāvāja Māriņaが元ですが、日本ではロシア語で知られています。芸のないロシア語教師は、カラオケで必ずこれを歌います。

同じ一九八二年に田原俊彦は『君に薔薇薔薇…という感じ』をリリースしました。エンターテイナー系語学教師のдядяは、こんなのも歌えます。どうせ知りませんよね、忘れてください。あと、カラオケで勝手に入力しても、ぜったい歌いませんからね。

日本で最も有名なバラの曲は、一九六六年にマイク真木が歌った「バラが咲いた」ではないでしょうか。

バラが咲いた　バラが咲いた　真っ赤なバラが　寂しかった　ぼくの庭に　バラが咲いた

バラのてんこ盛りです。

⁂

「バラが咲いた」では、こんなにたくさんバラが出てきますが、「バラが」のように「が」が付いていますから、すべて主語です。しかも歌詞は「たったひとつ　咲いたバラ」と続きますので、単数形であることが分かります。ラテン語でしたら、最初の rosaだけということになりますね。

ところがさらに先の歌詞では、

バラよ　バラよ　小さなバラ

と、「よ」が付いていますから呼びかけです。ラテン語ではこれを「呼格」といいます。

前回の格変化では、呼格が入っていませんでした。実はこの呼格、ほとんどいつでも主格と同形なのです。rosaの呼格もやっぱりrosa。並べるときは主格の次に置く場合が多いので、rosa, rosa, rosae, rosae, rosam, rosāとなります。これで覚えてもいいのですが、同じだったら省略したくなりますよね。ただでさえ面倒な格変化の形は一つでも少ない方がいいので、表では呼格を特別な格と考え、省略することも多いです。

呼格が特別な形になる話は、次回にいたしましょう。

(дядя)

ラテン語通信8

ウイルスよ、お前もか

ラテン語教材の定番です。

Et tū, Brūte.　ブルータスよ、お前もか。

カエサルが暗殺されるとき、裏切り者の中に腹心のブルータスがいるのを見て、こういったと伝えられています。

シェイクスピア『ジュリアス・シーザー』の台詞なので、Brūtusはブルータスとされますが、ラテン語読みをすれば「ブルートゥス」が近いかもしれません。そうなんです、元の形はBrūtus、それが呼びかけの形である呼格になりますと、Brūteのように変化するのです。

前回ご紹介しましたように、ラテン語の呼格は主格と同じ形がほとんどです。rosa「バラ」はいくら呼びかけてもrosaのまま。唯一、usで終わる名詞（ほとんどが男性名詞）だけが、特別な形を持っています。

イギリスの政治家ウィンストン・チャーチルは学校時代、ラテン語が嫌いだったことで有名です。mensa「テーブル」に呼格があるなんてバカバカしくて、勉強する気になれなかったと、自伝にも書いています。

困りますね。どうも政治家は想像力に欠けるようです。物に対する呼びかけなんて、詩や歌だったらいくらでもあります。「春よ来い」と春に呼びかけるのが、そんなにバカバカしいことでしょうか。

しかしдядяはチャーチルに別のことをいいたい。mensaの呼格くらいで文句いうな。どうせ主格と同じなんだから。

これがusで終わる男性名詞だったら、もう少し同情してもいいです。物にまで呼格があるのは確かに面倒。

それでも想像力があれば、ネズミがcāseus「チーズ」に呼びかけたい気持ちや、犬も歩けばpālus「棒」に当たって思わず毒づいている姿が、浮かぶのではないでしょうか。

最後のusをeに替えるだけですから、面倒でも難しくはありません。ただしeをそのまま付け加えてはダメで、単語内の一部を付け替えることに気をつけてください。

ということで、どんなものでも呼びかけましょう。vīrusの呼格はvīre。

ああウイルスよ、もうやめて。

vīrusは例外的に中性名詞ですが、それでも変化は同じです。

(дядя)

バラだけで例文を作ってみた

いくらrosa, rosae, rosae, rosam, rosāと丸暗記しても、肝心なのはその使い方です。自分が何を覚えようとしているのか、無自覚のまま覚えてしまうと、後で「かろかっくいいけれ」と同じくらい訳が分からなくなってしまいますよね。

有田潤『初級ラテン語入門』（白水社）を参考に、格の基本的用法をざっくりまとめましょう。

【主格】主語「～は、～が」
Rosa pulchra est.　バラは美しい。

【呼格】呼びかけ「～よ」
Ō, rosa!　おお、バラよ。

【属格】属する「～の」
Odor rosae　バラの香り

【与格】与える「～に」
Rosae aquam dō.　バラに水を与える。

【対格】対象「～を」
Rosam amō.　バラを愛する。

【奪格】奪う「～から」

Mēnsam rosā ōrnat.　テーブルをバラで飾る。

なんだか教科書っぽくなってきてつまんねえな、なんて思ってないでしょうね。いや、これは本当に良くできた例文なんですよ。

格について同じ単語ですべての用例を作るのは、非常に難しいのです。語学書工房のわが家では、ロシア語やチェコ語の格について、同じ単語でいい例文が作れないものかと、いつも頭を痛めています。

本当のことをいえば、最後の奪格の例は微妙です。『初級ラテン語入門』にはMēnsam rosīs ōrnat.つまり「バラ」が複数の奪格形だったのですが、話を単純化するために単数にしてみました。一本だけで飾るのはやっぱり無理があるかな。そもそも奪格は「～から」という分離が基本的。「～で」のような手段もありますが、「奪」を伝える例文になっていませんね。

バラに関することばを『ギリシア・ローマ名言集』で見つけました。

珍しいものが喜ばれるのだ。林檎も初物ならいっそうよいし、冬の薔薇なぞ、そりゃあ高値を呼ぶ。（一六九～一七〇ページ）

Rāra juvant: primis sic mājor grātia pōmis, hībernae pretium sic meruere rosae.

ラテン語が分かる大学生だって、なかなかレアですよね。

（дядя）

ラテン語通信10

複数のアンテナを張る

「珍しいものが喜ばれる」にあった「冬の薔薇」hibernae rosae。このrosaeは単数属格か与格の形に見えますが、ここでは複数主格形です。名詞の変化は複数形もありますので、rosae, rosārum, rosīs, rosās, rosīsも繰り返し唱えなければなりません。

変化を覚えるときに大変なのが、別の格でも同じ形のものがあるとき。rosaeもそうですが、rosīsも複数の与格形と奪格形が同形です。主格・対格・属格・与格・奪格という順番なら同じrosīsが続いて便利ですが、この通信は主格・属格・与格・対格・奪格の順番で通します。

複数形という考え方は、英語を学んで出合ったのではないでしょうか。日本語だったら一匹のイヌ、二匹のイヌ、たくさんのイヌと、どれもイヌで充分ですが、英語になると一匹以外はdogsのように最後にsをつけなさいと、面倒なことをいわれます。

さらに学習が進めば、複数形はsをつけるだけでは済まされないことが分かります。英文法書に必ず挙がっているのが、不思議な複数語尾です。bacterium「バクテリア」の複数形はbacteriaで、

umを取り去ってaをつけます。もっとも単数形はあまり使われないそうです。バクテリアって、顕微鏡を覗けばウジャウジャいそうですもんね。

antennaの複数形がantennaeだって知っていましたか。これって明らかにラテン語ですよね。rosaの複数形がrosaeとなるのとまったく同じ。ただしこれは「触角」という意味で使ったときの複数形で、「アンテナ」だったらantennasです。

とはいえ、今ではラテン語風の複数語尾はsで代用される傾向にあります。受験生には大助かりです。

ラテン語風の複数形よりも気をつけたほうがいいのは、単数と複数で同形の英単語ではないでしょうか。

deer, fish, sheepなどは有名ですが、carp「鯉」もそうだってご存じでしたか。設立当初は「広島カープス」と名乗っていたセ・リーグの球団は、carpが複数形もcarpであると指摘を受けて改名したんだそうです。江川泰一郎『英文法解説』で知りました。

こういう情報にもアンテナを張っていたいです。

(дядя)

ワインが養う力と血と熱

ここまではサイコロとバラばかり。違う単語も挙げましょう。

umで終わる名詞は例外なく中性です。dōnum「贈り物」とかbellum「戦争」などたくさんありますが、覚えるときはдядяらしい単語を選びたい。verbum「ことば」？ それもいいけど、やっぱりこれかな。

vīnum「ぶどう酒」：vīnum, vīnī, vīnō, vīnum,
vīnō

ぶどうは単なる果物ではなく、ワインもできますし、その葉も食用や薬として用います。ヨーロッパ文化を知るうえで欠かせません。かつて大学院の指導教官は「ぶどうは文化である」とおっしゃっていて、若き日のдядяは感動しました。ただしラテン語で「ぶどう」はūvaです。

vīnumはぶどう酒のほか、ぶどう酒を入れる容器も指します。そうなると複数形もありですね。

vīna, vīnōrum, vīnīs, vīna, vīnīs

同じ唱えるのだったら、戦争よりぶどう酒がいい。そもそも戦争の複数形なんて物騒です。
単数形に話を絞り、お馴染みのバラとぶどう酒を並べてみましょう。

rosa, rosae, rosae, rosam, rosā
vīnum, vīnī, vīnō, vīnum, vīnō

お気づきですか。語尾が全然似ていません。対格はamとumですから近くはありますが、別物として捉えましょう。
ここが「テニヲハ」と違うところです。日本語だったら「バラが」と「ぶどう酒が」、「バラの」と「ぶどう酒の」のように、助詞の「が」や「の」はどんな単語にも付けられます。

ところがラテン語は、同じ役割の語尾が変化タイプによってさまざまなんです。だから一つ一つ覚えなければならないというわけ。あ〜あ。
vīnumはぶどう酒に限らず、酒一般と解釈してよいときもあります。格言を見つけました。

Vīnō aluntur vīrēs, sanguis, calorque hominum.
酒によって人間の力、血、熱が養われる。

最初のvīnōは単数奪格形で、「酒によって」という意味になります。
ビール好きで知られるдядяですが、ここ十年くらいは家でワインも飲んでいます。力と血と熱が養われまくりです。

（дядя）

酪酊教師も看板を要せず？

せっせと通信を書いているдядяですが、基本的には怠け者で、自宅では寝そべって本を読んでいることが多いです。

『研究社新英和大辞典』をご存じですか。うちにあるのは第六版で、カミさんがチェコ語の発音をチェックしたとき一冊もらいました。B5サイズよりひと回り大きく、全二九四二ページ、厚さ約八センチ。書棚に場所がないので、ふだんはベッドの下に置いています。持ち上げるときは、気をつけないと腰にきそう。

この辞書にはForeign phrases and quotationsというのが巻末にあります。「ラテン語を中心に、人口に膾炙した外国語慣用表現約八〇〇を選んである」そうです。「人口に膾炙する」って分かりますか。広く世間に知れ渡るということです。いわば英語世界の常識。こういうものはチェックしておきたい。というか、拾い読みしていると楽しい。パラパラ捲りながら、дядяが無意識に探すのはvで始まるあの単語。

vino vendibili suspensa hedera nihil [non] opus.

学習者用の長音記号は付いていません。そもそも私たちにはまだ難しい。でもありがたいことに和訳がありました。「銘酒は看板を要せず」。深く共感。対応する英語表現はGood wine needs no bush.です。bushはふつう低木や灌木ですが、この場合は看板とか広告の意味で、シェイクスピアの『お気に召すまま』に出てくるのだとか。こんな知識が寝ころんだまま覚えられるのです。

収録されている表現は圧倒的にラテン語ですが、それ以外ではフランス語やギリシア語が多く、あとはドイツ語やスペイン語で……。

おや、こんな言語も。

a buon vino non bisogna frasca.

これは「銘酒は看板を要せず」のイタリア語版。дядяはかつて、イタリア語を熱心に勉強していたことがありました。やっぱりラテン語よりもずっと分かるなあ。一つだけ、frascaって何だろう？枕元のイタリア語小辞典じゃよく分からないし……。

ということで、結局は起き上がり、他の本を求めて部屋中ウロウロしてしまうのでした。（дядя）

ラテン語通信13

締めはリンゴで

vīnumに関する格言で、もっとも有名なのはこれですよね。

In vīnō vēritās. 酒の中に真実あり。

このinは前置詞で、「〜の中」を表します。まったく同じ前置詞が、英語にもドイツ語にもイタリア語にもありまして、形も意味もすべて同じ。こうなると、ああ分かったとばかりに、さっさとスルーしそうです。

でもちょぃと待て。

このvīnōの格は何でしょうか。

形から考えれば与格か奪格の可能性があります。しかし迷うことはありません。絶対に奪格です。なぜならラテン語には与格と結びつく前置詞が存在しないからです。それだけでなく、属格と結びつく前置詞もありません。

つまりラテン語の前置詞は、奪格か対格のどちらかとしか結びつかないことになります。

これはдядяにとって衝撃的でした。だってロシア語でもドイツ語でも、前置詞は主格以外のあらゆる格と結びつく可能性があるからです。それがたった二つ格のどちらかだなんて。だったら適当に書いても、二分の一の確率で当たるじゃないですか！ ホントにそれでいいのかよ。

他の前置詞で確認しましょう。

Ab ōvō usque ad māla.　卵からリンゴまで。

abは「～から」で、奪格と結びつく前置詞。ōvōの主格はōvum「卵」です。単数の変化はōvum, ōvī, ōvō, ōvum, ōvōとなります。

一方adは「～まで」という意味で、こちらは対格と結びつきます。mālaはmālum「りんご」の複数対格形。黒田ゼミ生「まるちゃん」のmālumです。複数の変化を復習すれば、māla, mālōrum, mālīs, māla, mālīsで、その四番目の形。残りのusqueは「続けて、ずっと」を表す副詞です。

ローマ人の食事は、オードブルの卵で始まり、リンゴで締めるのがコースでした。「卵からリンゴまで」とは「初めから終わりまで」という意味になります。

дядяはリンゴも好き。お気に入りは紅玉で、ワインを飲んでから食後に食べたりしています。いつの間にか生活が、ローマ人になっていました。ラテン語のせいかな。

(дядя)

ラテン語通信14

対面飲み会に真実あり

In vīnō vēritās.　酒の中に真実あり。

世間では昨今、vīnumが嫌われています。体質的に受け付けない人、飲みたくない人、いろいろいるでしょう。それはいいんです。ただvīnumを飲まないことが、トレンドみたいに考えている人は愚かです。酔っている時間が無駄と考える人も、飲む資格がありません。

話がしたいのです。古代ローマでvīnumを水で薄めて飲んでいたのは、酔っ払わないためでした。メインは話なんです。その気持ち、分かります。

でも水割りvīnumはパス。

In vīnō vēritās. に戻りましょう。前置詞inは奪格と結びついていますが、対格と結びつくこともあります。その場合は行先を示します。

Tendimus in Latium.

私たちはラティウムに向かう。

もし「ラティウムにて」だったらin Latiōとなるはず。結びつく格によって、意味が違ってくるわけです。

このような区別は、現代ヨーロッパ諸語にもあります。ドイツ語の前置詞inは3格（与格）と結びつけば場所、4格（対格）と結びつけば行先です。ロシア語でも前置詞Bが前置格と結びつけば場所、対格と結びつけば行先。対格＝行先はどれも共通ですね。それ以外はバラバラ。

ということで、結びつく格は重要です。In vīnum vēritās.のように、前置詞の後を無理やり対格にしてしまうと、「酒の中へ真実が（行く？）」という、イマイチ分からない文が出来てしまいますからね。

in＋奪格の例をもう一つ。

Lupus in fābulā. 話の中のオオカミ。

fābulāはfābula「物語、会話」の奪格形で、rosa, rosae, rosae, rosam, rosāの最後の形と同じ。「噂をすれば影」という意味です。

飲むときは噂話の一つもしたいですよね。そのためには対面でなきゃダメ。Zoomじゃ噂の当人がふらりと現れたりしませんから。

とはいえ噂はほどほどに。悪口は愛情を持って。口の悪いдядяですが、Vēritās et jūstitia.「真実と正義」は必ず心がけています。心がけながら、元ゼミ生のrēgulus（＝prince）くんの話がしたいな。

呼格はRēgule!「おお、プリンツよ！」（дядя）

ラテン語通信15

愛より準備が勝つ

一九九〇年、『愛は勝つ』という歌が大ヒットしました。バブル時代は根拠もなく「心配ないからね」と歌います。大学院生だったдядяは、そんなの完全に無視して、未来を目指して外国語を学んでいました。

Amat victōria cūram.　勝利は準備を愛する。

このうち victōriaが「勝利」であることは分かりますよね。形は主格。cūramは「注意、世話、準備」を意味する cūra（英語のcure）の対格形で、rosa, rosae, rosae, rosam, rosāの四番目の形。格のおかげで主語と目的語がはっきりします。

残りの amatは「愛する」です。英語のアマチュア amateurからも類推できます。しかしこれは動詞です。ラテン語は動詞が賑やかに活用します。直説法現在活用を覚えるときは、「愛する」を唱えることが多いです。

amō「私は愛する」、amās「君は愛する」、amat「彼は愛する」、amāmus「私たちは愛する」、amātis「君たちは愛する」、amant「彼らは愛する」

どんな動詞で覚えてもいいんですが、「愛する」

なら無難です。言語によっては「殺す」で唱えるそうで、文法語尾がきっちりと現れるからというのですが、ちょっと……。

とにかくamatは「彼は愛する」、つまり単数三人称であることが確認できました。主語がvictōria「勝利」ですから、当然ですね。動詞が使えると表現も広がります。

Amō rosam.　私はバラを愛する。
Amō āleam.　私はサイコロを愛する。
Amō victōriam.　私は勝利を愛する。
Amō vīnum.　私は酒を愛する。
Amō ōvum.　私は卵を愛する。
Amō mālum.　私はリンゴを愛する。

複数形のほうがいいものもありますが、ここではaで終わる名詞の対格がam、一方umで終わるときは主格と同じことを思い出しましょう。では「真実」はどうなるでしょうか。

Amō vēritātem.　私は真実を愛する。

vēritāsの対格形を確認するのに、ひどく時間がかかりました。これは今までに紹介しなかった変化タイプの名詞で、しかも様々な変種があって難しいのです。それでも頑張る。Amō cūram. わたしは準備を愛するのです。

(ДЯДЯ)

ラテン語通信16

酒のつまみを選びたい

ゼミ長のポメロ長官よりメッセージ。「サイコロに始まり、バラ、ぶどう酒まで来ました」。本当に、一定の単語を集中的に取り上げていますよね。

実際、alea, rosaのようにaで終わる女性名詞、vīnumのようにumで終わる中性名詞は、基本中の基本ですから、ちょうどいいんです。あとはusで終わる男性名詞を取り上げれば、バランスがよい。どんな単語にしましょうか。

ラテン語の教科書を眺めてみたのですが、どうもピンときません。deus「神」やdominus「主人」が定番のようですが、それじゃサイコロや酒に合わないし。

*Dictionnaire de Latin 100% visuel*はフランスで出版されたラテン語図解辞典。単語が八〇〇ほどに絞られている代わりに、フルカラーのイラストが多く、眺めていて飽きません。アルファベット順ではなく「自己紹介」「家族」のようなテーマ別なので、気に入った項目を拾い読みしましょう。*дядя*はEdamus et bibamus「食べ物と飲み物」を選びました。分かりやすいですね。

ラテン語は他の古典語と違い、語彙が本当に充実しています。食材関係も豊富で、usで終わる男性名詞には、porcus「豚肉」はもちろんのこと、mītulus「ムール貝」やechīnus「ウニ」まで挙がっています。古代ローマではウニを食べていたわけですね。ちなみに英語ではsea urchin。

では変化表を覚えるのにはどれがいいでしょうか。ウニも好きですが、もうすこし一般的な単語がいいかな。あっ、fungus「キノコ」。дядяはキノコが大好きです。でもこの変化形を唱えれば、フングス・フンギ・フンゴ……となって、フランケンシュタインが暴れているみたい。

いろいろ悩んで、結局cāseus「チーズ」にしました。これならvīnumにも合いますよね。

cāseus, cāseī, cāseō, cāseum, cāseō

vīnum, vīnī, vīnō, vīnum, vīnō

主格と対格以外は同じです。とはいえ、usで終わる男性名詞には呼びかけの呼格があるのでした。

Cāsee! チーズよ!

つまみも決まりましたし、次回からまたまた酒の話です。

(дядя)

ラテン語通信17

我思う、故にpatruusである

In vīnō vēritās.　酒の中に真実あり。

この文には動詞がありません。本来ならコピュラ動詞、つまり英語のbe動詞に相当するものがほしいところですが、それがないのです。

現在単数三人称estは、通信2で触れましたが、現在形の活用は全体で以下のようになります。

sum「私は…です」、es「君は…です」、est「彼は…です」、sumus「私たちは…です」、estis「君たちは…です」、sunt「彼らは…です」

語尾の一部がamōの活用と似ていますが、やはり不規則として覚えたほうがよさそうです。

この活用が登場すると決まってデカルトの「我思う、故に我あり」Cōgitō ergō sum. が挙がるんですよね。そういう定番には逆らいたいдядя。有田潤『初級ラテン語入門』で、こんな例を見つけました。

Philosophus sum.　私は哲学者である。

дядяなら断然こうしますね。

Patruus sum. 私はおじさんである。

このpatruusは父方の「おじ」で、母方にはまた別の単語があるのですが、patruusには「厳格な人、口やかましい人」という意味もありますので、これにしましょう。дядяにぴったり。えっ、口やかましいとは知らなかった? ゼミ卒業生のpersicum（=peach）さんに聞いてみれば分かりますよ。これからはдядяに代わりpatruusと名乗ります。

哲学者にせよ、おじさんにせよ、sumが最後にあるところが注目です。ラテン語はいろんな語順が可能ですが、sumやestはこのような位置に来ることが珍しくありません。

もっともIn vīnō vēritās.と同様に省略されることもしばしばです。

Amīcitia sāl vītae. 友情は人生の塩。

vītaeはvīta「人生」の属格。rosa, rosae, rosae, rosam, rosāの二番目の形です。

皆さんのラテン語は少しずつ進歩しています。rosaの格変化を完全に覚えたら、祝杯を上げましょう。

Multae sunt causae bibendi.
飲む理由はたくさんある。

causae「理由」が複数だからsuntなんですね。cāseusをつまみに、今夜も何か理由をつけてvīnumを飲むことにします。

(patruus)

ラテン語通信18

ローマの調味料が東南アジアに

vīnumとcāseusが揃って大満足のpatruusですが、考えてみれば古代ローマでは何を食べていたか気になります。そこで食生活に関する本をあれこれ読んだのですが、そこで意外な食材に出合いました。

garum　魚醤《ぎょしょう》

魚醤とは魚を塩と混ぜて発酵させて作る調味料で、秋田では「しょっつる（塩汁）」、能登では「いしる（魚汁）」、香川では「いかなご醤油」といいます。それでもピンとこない方には、タイのナンプラーといえば分かるでしょうか。ベトナムではニョクマムです。エスニック料理店に行けばすぐにでも体験できますが、少々クセがありますので、好みは分かれるかもしれません。

garumの格変化はvīnumとまったく同じです。

garum, garī, garō, garum, garō
vīnum, vīnī, vīnō, vīnum, vīnō

そういう調味料が古代ローマにもあったのです

ね。ただ発酵中に強烈な臭いが出るので、都市部で作ることは禁止され、海岸や港の近くで作られたそうです。南スペインや黒海沿岸ではガルム工場の遺跡も見つかっているとか。

さてこのgarumにはliquāmenという別のいい方もあります。ところがこちらの格変化は、これまでとだいぶ違います。

liquāmen, liquāminis, liquāmini, liquāmen, liquāmine

ラテン語が面倒なのは、変化のパターンが違うと語尾もぜんぜん違う点です。格変化が豊かすぎます。

豊かすぎるのは格変化ばかりでなく、食材や料理もそうです。『古代ギリシア・ローマの料理とレシピ』（丸善）という本では、古代ローマのアピーキウスという人の料理書を中心に、多様な料理を実際に作って再現しました。豊かすぎる食材のなかには、現在では入手困難なものもありますが、そこは似たもので代用したので、レシピはあくまで実用的です。

その著者たちが至った結論は、garumあるいはliquāmenの代用はナンプラーやニョクマムに限るとのこと。東南アジアの調味料が古代ローマ料理に使われるなんて、ちょっと面白いですね。

(patruus)

ラテン語通信19

失われた食材を求めて

古代ローマにはすでにレシピ本がありました。もっとも有名なのは前回ちらりとご紹介しました、アピーキウスApīciusの料理書です。

アピーキウスは料理のために大金を惜しまない人でした。財産を使い果たし、これ以上グルメな生活ができないことが分かると、毒を仰いで自殺したというのですから、なんといいますか……。この稀代の美食家は妙な食材を好みました。フラミンゴの舌がおいしいことを世間に広めたといわれていますが、なんでそんなものを食べようと思ったのでしょうね。ほかにもヤマネ、ツル、インコ、イルカ、ラクダのひづめ、オンドリのとさかなど、珍味といいますか、試すにはかなり勇気のいる食材ばかり。

わたしが興味を持った食材はシルフィウムsilphiumです。これは今では絶滅してしまった植物で、根を食べたらしい。もともと高価な食材で、北アフリカ産が最高らしいのですが、乱獲のため絶滅してしまいました。最後に食べたのは暴君として名高い皇帝ネロだったそうです。

silphiumの格変化はvīnumと同じです。

silphium, silphiī, silphiō, silphium, silphiō

他にsilphionという形もありますが、主格と対格がsilphiumの代わりにsilphionとなるだけで、後は同じです。しかし名称はまだあって、ラーセルとも呼ばれていました。

lāser, lāseris, lāseri, lāser, lasere

おっと、これはこれまであまり目にしたことのない変化。実は前回のliquāmenと同じなのですが、今はしっかりと格変化できるsilphiumで覚えましょう。

食べることが大好きなpatruusですが、アピーキウスの話を読んでいるとさすがに食傷気味で、ついていけません。お腹が空いていれば、何でもおいしいのです。

Cibī contimendum famēs est.
空腹は食物の調味料である。

英語でHunger is the best source. シルフィウムがなくても、なんでもおいしくいただきましょう。ちなみにわたしの好物は牡蠣ostrea、これはrosaと同じ格変化です。

(patruus)

ラテン語通信20

小さなポメロは大きなシトロン

地元の図書館でラテン語関係の本を探します。ネタに困っているわけじゃありませんよ。いろんな本を読んで、話の幅を広げたいのです。

ハリソン『植物ラテン語事典』（原書房）という本を見つけました。幻の食材シルフィウム以来、植物にちょっと興味があるんです。図書館から借りたその本は、図版がいっぱいでフルカラーの重たいものでした。

冒頭の「植物学のラテン語小史」によれば、「今日、科学者たちが使っている植物学のラテン語は、古代ローマの著述家たちのラテン語とはまったく別のもの」だそうです。植物を詳細に分類するために、多様な語彙をギリシア語などから補う必要があります。博物学者プリニウスですら異国の言葉と思うほど違うらしい。

この本を開く前、patruusは植物の名前がラテン語でたくさん挙がっていると考えていました。ところが実際に項目を読んでみれば、そこにあるのは形容詞ばかり。

植物は科、属、種……のようなカテゴリーごとに細かく分類され、それによって命名されます。国際植物学会議からは「国際植物命名規約」が発行され、これまで何度も改訂されたそうです。研究が進み、新たな見解が認められれば、それに従ってラテン語名も改訂されるのだとか。ずいぶん厳密です。なんだかお門違いの本を選んじゃったかな。

それにもめげずにパラパラ捲ると、こんな項目がありました。

tangelo：タンジェリン（Citrus reticula）とポメロ（C. maxima）の交配種。

Cは Citrus の略です。ポメロはラテン語で Citrus maxima だそうです。へぇえ。

形容詞だけの辞典ですから、citrus は載っていません。一般のラテン語辞典には「シトロンの木」とありました。炭酸飲料リボンシトロンのシトロン、クエン酸が取れる植物です。

一方、形容詞の maxima を『植物ラテン語辞典』で引くと、maximus があって、「最大の」という意味が載っていました。ということは、ポメロ＝最大のシトロンの木。

ポメロ長官を思い浮かべますと、maxima という形容詞が何とも不思議です。

(patruus)

ラテン語通信21

ボーナスは42通りに変化する

親が給与所得者ではない家庭に育ったので、ボーナスということばを覚えたのは「サザエさん」でした。トーナス（＝かぼちゃ）をボーナスと勘違いし、大喜びした後で落胆するサザエさんを見て、どうやら貰うとすごく嬉しいものらしいと学習したわけです。

ボーナスは英語から日本語に入ったと思われますが、遡ればラテン語の形容詞bonus「よい」までたどり着きます。やはりボーナスはいいものなんですね。

形容詞はこれまでほとんど紹介してきませんでしたので、ここでまとめておきましょう。

bonus, bonī, bonō, bonum, bonō

呼格だったらbone。

これはcāseus「チーズ」と同じ変化。「よいチーズ」はcāseus bonusで、形容詞の後置はロマンス諸語に不慣れなpatruusを緊張させます。その格変化はcāseus bonus, cāseī bonī, cāseō bonō, cāseum bonum, cāseō bonōと、見事に韻の踏みまくり。呼格はcāsee bone!「よきチーズよ！」。

後置は不慣れでも、チーズに叫びたい気持ちは分かります。

ところで形容詞は名詞の文法性に合わせなければなりません。bonusは男性形ですが、女性形と中性形はこうなります。

rosa bona「よいバラ」, rosae bonae, rosae bonae, rosam bonam, rosā bonā

vīnum bonum「よいワイン」, vīnī bonī, vīnō bonō, vīnum bonum, vīnō bonō

呼格形は主格形と同じなので省略しています

が、これを数えれば男性形、女性形、中性形でそれぞれ七つですから3×7＝21通り。でもこれは単数だけの話で、複数形を考えればさらに倍、つまり42通りです。

とはいえ語尾は男性形がチーズ、女性形がバラ、そして中性形がワインと同じですから、名詞の格変化をしっかり覚えていれば（ドキッ！）、そのまま使えます。

変化形が多いと気が重くなるかもしれませんが、「ボーナス」の変化だと考えれば、多い方がいいですよね。最近、再び給与所得者になった実感です。


(patruus)

ラテン語通信22

ちぐはぐな部品

ラテン語の形容詞と名詞の一致は完璧です。

rosa bona, rosae bonae, rosae bonae,
rosam bonam, rosā bonā; rosae bonae,
rosārum bonārum, rosīs bonīs, rosās bonās,
rosīs bonīs.

複数も合わせて、まあ見事ですよね。rosaの変化さえ覚えていれば、形容詞なんて怖くないというわけ。

ところが何事にも例外があります。

たとえばpoēta「詩人」。古代ローマは数々の素晴らしい詩人を輩出しました。もっとも有名なのはウェルギリウスVergiliusでしょうか。長編叙事詩『アエネーイス』は岩波文庫にも収録されています。ラテン文学最高峰の「よい詩人」です。その「よい詩人」はちょっと意外な変化になります。

poēta bonus, poētae bonī, poētae bonō,
poētam bonum, poētā bonō.

おかしいな。rosaみたいに韻を踏んでいない。

理由は詩人が男性名詞だから。最後がaで終わっている名詞は、圧倒的に女性名詞が多いんですが、「poēta」の他にもnauta「水夫」やaglicola「農夫」は男性名詞です。となりますと、つける形容詞は男性の形じゃなければなりません。cāseus bonus, cāseī bonī, cāseō bonō … のように韻は踏まないけど、使う形は同じです。

古代ローマにはウェルギリウス以外にも優れた詩人がおりました。となれば「よい詩人」は複数形ですね。

poētae bonī, poētārum bonōrum,
poētīs bonīs, poētās bonōs, poētīs bonīs.

正確にいえば不規則ではなく、名詞と形容詞の変化パターンが「ちぐはぐ」に見えるだけです。しかもそうなるには明確な理由があります。

ショートショート作家・星新一の作品集に『ちぐはぐな部品』というのがありましたが、こちらは「ちぐはぐな文法語尾」でしょうか。

人間が使う言語ですから、一つの規則だけで全部が説明できるわけではありません。そういえばVergiliusの呼格は語尾がeではなくてVergilīです。

Vergilī bone! よきウェルギリウスよ!

勉強が進むと、どうしても例外が出てきますね。

(patruus bonus)

ラテン語通信23

愛の過去と未来

ラテン語の名詞や形容詞の格変化を熱心に唱えていますと、動詞が疎かになりそうで、これではいけません。「愛」を思い出しましょう。

amō「私は愛する」、amās「君は愛する」、amat「彼は愛する」、amāmus「私たちは愛する」、amātis「君たちは愛する」、amant「彼らは愛する」

「三単現」にsをつけるだけの英語からすればビックリですが、黒田ゼミ生ともなればいろいろ齧っていますから、それほど驚きませんよね。

さて動詞にはいろんな時制があります。amō, amās, amat… は動詞amāreの直説法・能動態・現在の活用です。現在があるということは、過去や未来も当然ありまして、amāreの直説法・能動態・未完了はこんなふうになります。

amābam　私は愛していた
amābās　君は愛していた
amābat　彼は愛していた
amābāmus　私たちは愛していた
amābātis　君たちは愛していた
amābant　彼らは愛していた

愛していた、愛していたと続くと、じゃあ今はどうなんだとなります。まさか別れ……。未完了は動作が続いていた、繰り返されていたことを表します。ますます微妙。

この活用形、確かに現在と似ているところがあります。baを加えることがポイントのようですが、それがbaだったりbāだったりクルクル変わりますので、油断なりません。

ところでたいていのラテン語の入門書は、未完了を学ぶと、もれなく未来が付いてくるようです。

amābō　私は愛するだろう
amābis　君は愛するだろう
amābit　彼は愛するだろう
amābimus　私たちは愛するだろう
amābitis　君たちは愛するだろう
amābunt　彼らは愛するだろう

「だろう」という日本語は未来というより推量なのですが、愛の未来なんて誰にも分かりませんから、これでいいのかもしれません。

活用は確かに似ています。よって未完了と一緒にまとめたくなるのも分かります。それにしても……。

本当に面倒なラテン語。それでも皆さんは、今後もこの古典語を愛するamābitisでしょうか。

(patruus)

ラテン語通信24

命令形でご挨拶

ラテン語動詞のバリエーションは時制だけではありません。

命令法はその名の通り命令を表す形です。命令にもいろいろありまして、しかもラテン語の命令法には未来まであるんですが、これはちょっと触れないでおきましょう。

amāre「愛する」の命令法現在単数二人称形はamāです。不定法からreを取り去ればいいんですから簡単。

Tenerē mē amā. Love me tender.

プレスリーの名曲をラテン語に訳した人がいらっしゃるようで、そのタイトルはこうなっておりました。あ、そもそもプレスリーをご存じない？　失礼しました。

では王道でラテン語の名言から。

Ōrā et labōrā.　祈れ、そして働け。

ōrāはōrāre「祈る」の、labōrāはlabōrāreの、それぞれ命令法です。規則どおりですから分かりやすい。ベネディクト会のモットーだそうです。なかなか厳しい。patruus向きではない。ちなみに禁止の命令はnōlī＋不定法ですから、「働くな」でしたらNōlī labōrāre. となります。

命令というと厳めしい響きですが、人に何かを促す表現と考えればごくふつう。挨拶だって命令法です。

Salvē. こんにちは。

動詞salvēreは「健康である」という意味です。amāre「愛する」とは違った活用になるのですが、命令法では最後のreを取り去るという点では同じです。

「こんにちは」にはもう一つあります。

Salvēte. こんにちは。

こちらは命令法現在の複数二人称形。これまでご紹介した不定法からreを取り去って、さらにteを付け加えます。

Valē. さようなら。

動詞valēreは「元気である」という意味。お元気で＝さようならは、日本語の感覚でも理解できます。

ラテン語の動詞は辞書の見出し語として直説法・能動態・現在の単数一人称形、「愛する」だったらamōを基本としていますが、命令法を考えるときは不定法のほうが便利です。

それではみなさん、最後は複数形でValēte.

(patruus)

ラテン語通信25

変化形をカッコよく覚える

次から次へと登場するラテン語の変化。一定のパターンがあるとはいえ、慣れないうちは覚えるのも調べるのも大変です。誰かが教えてくれるならいいですが、patruusのように「独学」でこの通信を書いていると、イマイチ自信のないときは困ってしまいます。

頼りになるのが水谷智洋編『改訂版 羅和辞典』(研究社)。たいていはこれで解決できます。巻末には和羅語彙集もあって便利。

ただし知りたいのは意味よりも変化形です。そのために辞書を利用するには見方を覚えなければなりません。たとえばbonusの後に -a -um とあったら、形容詞bonusは単数主格形では男性bonus、女性bona、中性bonumとなるという意味です。ごく一般的な記号や略号と同じですから、他の辞書でも応用できます。

心配なのは母音の長短です。裏ゼミ生サーシャくんのいうとおり、法則に従って判断すればよいのですが、間違っていないか、心配になることもあります。そんなときに便利なサイトを見つけました。

https://www.online-latin-dictionary.com

ここのDeclensions /Conjugations latinでは、調べたい単語を入力すれば、その変化形のすべてを教えてくれます。ただ一部の母音に長音記号がなくて、たとえばcāseus「チーズ」の単数属格形はcaseiでｉの上に長音記号がありません。それなのに複数属格形はcaseōrumとなっていて不思議。多少の不安は残りますが、それでもすべての形が表で確認できるのは心強いです。

しかし外国語は調べるだけじゃダメで、暗記しなければなりません。そういうときに便利なのが、ドイツのReclam文庫に収録されているLateinische Grammatik「ラテン語文法」です。14・5×9・5センチという小型本なので持ち運びに便利。変化表がガンガン並べられている本なので、ドイツ語ができなくても変化表を睨む分には困りません。

電車の中でドイツの文庫本を開き、ラテン語の暗記に勤しむなんて、ちょっとカッコいいでしょ。Lernen wir Lateinisch!「ラテン語を勉強しましょう！」

(patruus)

自分で作ろう単語集

今回はpatruusが外国語を学ぶとき、入門書の学習と並行しながら作る単語集のお話をしましょう。

①基本単語集を用意する。

今回は有田潤『ラテン語基礎1500語』（大学書林）を選びました。この本は以前にもご紹介しましたが、厳選した単語が集められています。できればこれを片っ端から暗記すればいいのですが、それはかなり大変。そこでこの1500語の中から、さらに重要な語彙を抽出します。

ラテン語の入門書は日本でもいろいろ出版されていますが、もっともやさしく、しかも機能的に作られているのは、山下太郎『しっかり学ぶ初級ラテン語』（ベレ出版）でしょう。その説明は丁寧で、言語学や文法用語を知らない人でも、真面目に学習していけば、必ず身につきます。

ただしこの入門書には、巻末に語彙集がありません。出てくる単語はすべて覚えてほしいというのが著者の願いなのでしょう。語学教師として気持ちは分かるのですが、やはり語彙集はほしい。だったら自分で作りましょう。

②巻末や別冊で語彙集の付いた入門書を用意する。
たとえば中山恒夫『標準ラテン文法』（白水社）など、①とは違う著者がいいでしょう。そして、

③共通する語彙をチェックする。
両方の単語リストに共通するものを探し、見つけたらたとえば★印を『基礎1500語』に書き込んでいきます。そうすれば1500語の中でも、特に重要な単語が分かるわけです。

④さらに別の語彙集を探して、違う記号を付ける。

海外のものでも構いません。たとえばWilson J. Parsons C. *A Basic Latin Vocabulary* (Bristol Classical Press) なんかもいい。また先ほどの『しっかり学ぶ初級ラテン語』と同じ著者による『しっかり身につくラテン語トレーニングブック』には巻末に語彙集があります。違う記号を使えば、出典も一目瞭然。

記号が多い単語ほど重要なわけですから、それをまず覚えればいい。そもそもこの作業をしているうちに、結構覚えられます。これなら他の言語でも応用可能。お試しあれ。

(patruus)

ラテン語通信27

ラテン語が登場する映画

黒田ゼミでは自分の担当言語について発表するとき、合わせて映画を紹介することが、いつの間にか習慣となっていますね。では「ラテン語の映画」はどうでしょうか。

ラテン語が話されていたローマ時代を舞台にした映画はいろいろありますが、だからといってラテン語が響くわけではありません。

まずはラテン語が教育されていた学校の物語。ロビン・ウィリアムズ主演『今を生きる』(原題：*Dead Poets Society*、一九八九年)は一九五九年の全寮制高校が舞台ですので、ラテン語の授業の場面もあります。ただし高校生にしては板書してあるレベルが低いかなあと思うのですが。

邦題の「今を生きる」はラテン語の格言Carpe diem.です。carpeは動詞carpō「摘む」の命令形、diemはdiēs「日」の単数対格形ですが、どちらもこれまでにご紹介した変化とは違います。英語ではSeize the day.で、この瞬間を楽しめということ。とはいえ楽しみ方はいろいろ。「ラテン語だけの青春」なんていかがですか。

ラテン語が使われる映画には、中世を舞台にした物語もあります。ウンベルト・エーコ原作の

『薔薇の名前』（一九八六年）はご存じですか。十四世紀の北イタリアの修道院に、会議で訪れた修道士とその見習いが、謎の連続殺人事件に巻き込まれていく物語で、日本でも話題となりました。

この映画では、主として前半でラテン語の台詞がいくつかあります。そのときは英語の字幕が付くのですが、ちょっと古風な英語を充てているので、これも注目です。

事件は図書館の蔵書に深く関わっていることもあり、写本とか禁書とか、さらにはギリシア語の話題も豊富。宗教裁判や異端審問など、おどろおどろしい雰囲気も満載です。

『薔薇の名前』はかなり複雑な物語なので、一回観たくらいでは理解できないかもしれません。それでもヨーロッパをテーマとして勉強している大学生にはぜひとも観て、興味を深めてほしいです。解説本もたくさん出版されています。

学校と修道院。どちらの映画も、ラテン語の立ち位置を雄弁に物語っています。

(patruus)

ラテン語通信28

インチキ類似品にご注意！

『薔薇の名前』の中に、サルバトーレという厨房係の助手が出てきます。背中の曲がった異様な風貌の男ですが、彼の話すことばもまた異様で、英語のなかにイタリア語やフランス語を混ぜたような、奇妙な話し方をします。

世の中には「デタラメ語」といいますか、人に知られないように、わざと使う変なことばがあります。

その一つがピッグ・ラテン語Pig Latinです。「なんちゃってラテン語」ということもあるそうですが、ラテン語とは何の関係もありません。英単語の最初の子音を後ろに回し、その後に/ei/の音を加える、一種のことば遊びです。そうすればboyは*oybay*ですし、Speak Pig Latinは*Eakspay igpay atinlay*となります。

隠語はいろんな業界にありますが、そのネーミングにラテン語を使うところが面白いですね。

ところで、エスペラント語ってご存知ですか。ポーランドの眼科医ザメンホフの作った国際人工言語です。誰にとってもやさしい言語とされていますが、語彙も文法も基本は印欧語で、日本人には不利。そういう指摘をして、patruusはエスペラント語の支持者から、認識不足だと非難されたことがありました。それ以来、この宗教みたいな人工言語については、なるべく触れないようにしています。

驚くべきことに、このエスペラント語には古典語があります。マヌエル・ハルヴェリクが一九六九年に発表したアルカイカム・エスペラントム(Arcaicam Esperantom)です。エスペラント語は人工言語ですから、古典語なんて存在しませんが、あたかもエスペラント語に古い形があったらこうなるだろうと仮説を立て、わざわざ作ってみせたのです。暇といいますか、何といいますか、patruusはこういうセンスが苦手です。

そのインチキ古典語の構造は、明らかにラテン語に近づいています。つまりエスペラント語はラテン語の末裔である現代ヨーロッパ諸語に近いことが、間接的に証明されたわけです。ほれ見ろ。

ことば遊びも人工言語も、ヨーロッパ世界の言語は必ずラテン語に繋がってしまうのですね。

(atruuspay)

ラテン語通信29

憧れのラテン語＝チェコ語辞典

二、三年に一度は訪れるチェコ共和国の首都プラハ。十四世紀に創設された名門カレル大学近くにある古本屋は、滞在中に必ず訪れる一軒で、毎回楽しみにしています。

二年前もふらりと寄りました。カミさんが真面目な学術書を物色している横で、patruusは書棚をボーっと眺めていますと、一冊の分厚い本が目に留まりました。

Latinsko-český slovník、「ラテン語＝チェコ語辞典」（一九五五年）です。

なんとなく気になって手に取ります。開いてみればそこにはラテン語の例文が並び、ところどころにチェコ語で解説。当たり前なのに、なんだかすごく学術的で、カッコよく見えました。

チェコスロバキアの辞書には、いつも大変お世話になっています。現在のチェコ共和国は微妙ですが、かつてこの国は言語研究が盛んでした。patruusが大学院時代に熱心に学んだ古代スラヴ語は、チェコスロバキアの研究が優れており、中でも辞書は世界最高峰です。ロシア語研究も層が厚く、『ロシア語＝チェコ語大辞典』（全六巻、一九五二―一九六四年）は、今でもその価値を失っていないと信じています。

patruusがチェコ語を熱心に勉強するのは、チェコスロバキアが書かれたものを丁寧に分析する伝統を持つ、文献学の国だったからです。プラハの街が綺麗だからとか、そんな理由じゃありません。ビールがおいしいというのは重要ですが、それだけが目的じゃない。

文献学の国のラテン語辞典だったら、優れているに決まっています。是非とも手に入れたい！

古本屋で見つけた「ラテン語＝チェコ語辞典」は二巻本のうちの上巻だけで、しかも重かったので、帰国後に通販で手に入れました。ときどきベッドに寝ころんでは、偉大な文献学の成果を享受する喜びを噛みしめつつ、パラパラ捲っています。チェコ語を通してラテン語が学べることに、もっと早く気づけばよかった。でもせっかく気づいたんだから、これから勉強しよう。

だって「遅れてもやらないよりはマシ」っていいますもんね。

(patruus)

ラテン語通信・最終回

遅れてもやらないよりはマシ

この「ラテン語通信」もこれで三十回。ずいぶん続きました。

ご存じのように、patruusはラテン語や西洋古典語の専門家ではありません。そもそもきちんと勉強したことがない。本を数冊読んだ程度の知識にすぎないのです。

だったら、どうしてこんな連載をやるんだって話ですよね。

それは皆さんに必要だからです。

patruusのゼミは「ヨーロッパ・ロシアの諸言語」がテーマです。この地域はキリスト教国が圧倒的で、言語文化にも深く根付いています。

ロシアやセルビアなどの正教圏では、ギリシア語の影響力のほうが強いかもしれません。だからpatruusはロシア語学科三年生のときにギリシア語を履修し、神父さんにギュウギュウしごかれました。

一方カトリックやプロテスタントの地域では、ラテン語の知識が欠かせません。これはチェコ語と深く接するようになって学んだことです。

思えばキリスト教系の大学に二つも通い（一つは中退）、ラテン語を学ぶチャンスはいくらもあったのに、勉強しなかったことが心残りです。ちゃんとやっておけばよかった。
だったら今から始めよう。

Potius sērō quam numquam.
遅れてもやらないよりはマシ。

二つ目のsērōは「遅く」という意味。potiusは「むしろ」で、quam「より」と一緒になって「～よりもむしろ」。最後のnumquamは「決して～ない」で、英語のneverです。すべて副詞ですから、辞書にはどれも見出し語として挙がっています。
英語ではBetter late than never. ロシア語ではЛучше поздно, чем никогда.のように、ヨーロッパの言語で広く訳されています。

patruusはこの表現が昔から好きなんです。二十代からの座右の銘で、なんか困ったときにこれを思い出して、それじゃ一丁やってみるかと進んできました。

遅まきながらのラテン語。でも今の実力ではこれ以上は難しい。続きは皆さんがご自身で学んでくれたら嬉しいです。
「ラテン語通信」はこれを持ちまして終了です。

(patruus)

著者紹介

黒田 龍之助(くろだ　りゅうのすけ)
1964年、東京生まれ。上智大学外国語学部ロシア語学科卒業。東京大学大学院修了。スラヴ語学専攻。現在、神田外語大学特任教授、神戸市外国語大学客員教授。
主要著書
『ロシア語のかたち』『ロシア語のしくみ』『ニューエクスプレスプラス ロシア語』『つばさ君のウクライナ語』『寝るまえ5分の外国語』『外国語の水曜日再入門』『ロシア語の余白の余白』『寄り道ふらふら外国語』『ことばはフラフラ変わる』『もっとにぎやかな外国語の世界[白水Uブックス]』(以上、白水社)、『羊皮紙に眠る文字たち』『チェコ語の隙間』『ロシア語だけの青春　ミールに通った日々』(以上、現代書館)、『初級ロシア語文法』『初級ウクライナ語文法』『ぼくたちの英語』『ぼくたちの外国語学部』(以上、三修社)、『ウクライナ語基礎1500語』『ベラルーシ語基礎1500語』(以上、大学書林)、『はじめての言語学』(講談社現代新書)、『大学生からの文章表現』(ちくま新書)、『外国語をはじめる前に』(ちくまプリマー新書)、『ポケットに外国語を』『その他の外国語エトセトラ』『世界のことばアイウエオ』(ちくま文庫)、『語学はやり直せる!』(角川oneテーマ21)、『外国語を学ぶための言語学の考え方』(中公新書)、『物語を忘れた外国語』(新潮文庫)

装丁
三木俊一(文京図案室)

本書は2000年に現代書館より刊行された『外国語の水曜日』を組み替え、増補、改題したものです。

外国語の水曜日再入門

二〇二一年一一月三日 印刷
二〇二一年一一月二四日 発行

著者 © 黒田龍之助
発行者 及川直志
印刷所 株式会社三陽社
発行所 株式会社白水社

東京都千代田区神田小川町三の二四
電話 営業部〇三（三二九一）七八一一
編集部〇三（三二九一）七八二一
振替 〇〇一九〇‐五‐三三二二八
郵便番号 一〇一‐〇〇五二
www.hakusuisha.co.jp

乱丁・落丁本は、送料小社負担にてお取り替えいたします。

誠製本株式会社

ISBN978-4-560-08921-7
Printed in Japan